O Evangelho de
MARIA
MADALENA

A VERDADE E A LENDA SOBRE MARIA MADALENA:
UM RESGATE DA SUA HISTÓRIA.

O que dizem os outros evangelhos?
Foi esposa de Jesus?
Foi pecadora?
Foi a verdadeira fundadora do cristianismo?

Solicite nosso catálogo completo, com mais de 500 títulos, onde você encontra as melhores opções do bom livro espírita: literatura infantojuvenil, contos, obras biográficas e de autoajuda, mensagens espirituais, romances, estudos doutrinários, obras básicas de Allan Kardec, e mais os esclarecedores cursos e estudos para aplicação no centro espírita – iniciação, mediunidade, reuniões mediúnicas, oratória, desobsessão, fluidos e passes.

E caso não encontre os nossos livros na livraria de sua preferência, solicite o endereço de nosso distribuidor mais próximo de você.

Edição e distribuição

EDITORA EME
Avenida Brigadeiro Faria Lima, 1080 – Vila Fátima
CEP 13369-040 – Capivari-SP
Telefones: (19) 3491-7000 | 3491-5449
Vivo (19) 9 9983-2575 ☺ | Claro (19) 9 9317-2800
vendas@editoraeme.com.br – www.editoraeme.com.br

@editoraeme   /editoraeme   editoraemeoficial   @EditoraEme

José Lázaro Boberg

O Evangelho de
Maria
Madalena

A VERDADE E A LENDA SOBRE MARIA MADALENA:
UM RESGATE DA SUA HISTÓRIA.

O que dizem os outros evangelhos?
Foi esposa de Jesus?
Foi pecadora?
Foi a verdadeira fundadora do cristianismo?

Capivari-SP

© 2017 José Lázaro Boberg

Os direitos autorais desta obra foram cedidos para a Editora EME, o que propicia a venda dos livros com preços mais acessíveis e a manutenção de campanhas com preços especiais a Clubes do Livro de todo o Brasil.

A Editora EME mantém, ainda, o Centro Espírita Mensagem de Esperança e patrocina, com outras empresas, instituições de atendimento social de Capivari-SP.

14ª reimpressão – mai/2025 – de 18.501 a 19.000 exemplares

CAPA | André Stenico
PROJETO GRÁFICO E DIAGRAMAÇÃO | Marco Melo
REVISÃO | Lídia Regina M. B. Curi

Ficha catalográfica

Boberg, José Lázaro, 1942-
    O Evangelho de Maria Madalena / José Lázaro Boberg – 14ª reimp. mai. 2025 – Capivari-SP: Editora EME.
    256 p.
    1ª ed. ago. 2017
    ISBN 978-85-9544-011-1

1. O Evangelho de Maria Madalena. 2. História da Bíblia. 3. Evangelhos gnósticos x canônicos. 4. Pesquisas científicas sobre os primórdios do cristianismo.
I. TÍTULO.

CDD 133.9

SUMÁRIO

Prefácio de Julia Nezu 7
Introdução 11
Primeira Parte
O QUE DIZEM SOBRE ELA OS OUTROS EVANGELHOS? 21
1. O início do cristianismo 23
2. Os cátaros 29
3. O espiritismo é gnóstico? 35
4. A biblioteca de Nag Hammadi 39
5. A origem do nome de Maria Madalena 43
6. Maria Madalena nas fontes mais antigas 47
7. Várias "Marias" do Novo Testamento 57
8. Quando começou a confusão? 67
9. Que tinha Jesus de "especial"
   que atraía as mulheres? 75
10. Sua mensagem apocalíptica atraía os marginalizados .. 83
11. Maria Madalena nos evangelhos gnósticos 91
12. Por que só quatro evangelhos? 121
13. Afinal, Maria Madalena foi ou não, esposa de Jesus? .. 127
14. Para onde foi Maria Madalena
    após a ressurreição de Jesus? 145
15. Revisão da doutrina oficial da igreja católica 151

16. Se não foi pecadora, como ficam agora
    os escritos mediúnicos sobre ela?...................... 155

Segunda Parte
O EVANGELHO DE MARIA – MIRYAM DE MÁGDALA 171

1. A descoberta do *Evangelho de Maria*........................... 173
2. Estrutura do evangelho 177
Apêndice 1 231
Apêndice 2 243
Referências bibliográficas 249

PREFÁCIO

A FIGURA DE MARIA de Magdala, talvez o mais forte exemplo de conversão narrado nos Evangelhos, sempre me fascinou, não obstante me sentisse um tanto incomodada com algumas citações, referências e tradições em torno do seu nome. Ademais, nunca fez muito sentido, para mim, o fato de Jesus ter aparecido para Maria antes mesmo que para sua mãe ou algum dos seus discípulos. Mas é assim que narraram os evangelistas Mateus, Marcos, Lucas.

A publicação de *O Evangelho de Maria*, em 1955, escrito originariamente em grego, lançou novas luzes sobre a personagem. O texto, gnóstico, veio a lume a partir de dois fragmentos encontrados em Akhmin, no Egito, em 1896, quando o pesquisador alemão Dr. Carl Rheinhardt adquiriu, na cidade do Cairo, um conjunto de textos hoje conhecidos como Codex Gnóstico de Berlim ou Codex Akhmim. Nesses textos, publicados quase sessenta anos após sua descoberta, Maria Madalena é tida como discípula de Jesus.

Corroborando a tese, vimos recentemente um documentário do *Discovery Channel* no qual Madalena aparece entre os discípulos. Nele, são mostradas provas arqueológicas dos maiores teólogos, estudiosos, peritos e Ph.D's da atualidade, como Bart D. Ehrman, um dos maiores especialistas em estudos bíblicos e origens do cristianismo, e Harrington Spear Paine, titular da cátedra de Religião na Universidade de Princeton (New Jersey, Estados Unidos).

A mim, o perfil aí apresentado está mais coerente do que o de simples pecadora sem conhecimentos das coisas espirituais. É esse perfil, de discípula, capaz de compreender os altos ensinos do Cristo, que o leitor verá neste livro do paranaense José Lázaro Boberg. O autor, no entanto, foi ainda mais fundo e fez constar também os trabalhos de Elaine Pagel, autora de *Os evangelhos gnósticos*, e outros pesquisadores que compõem a rica bibliografia citada. O recurso das notas de rodapé, a meu ver, foi muito bem empregado pelo autor, o que enriquece a pesquisa e facilita a compreensão do leitor acerca dos textos gnósticos encontrados em Nag Hammadi.

Madalena, segundo os estudiosos, era a discípula que mais compreendia os ensinamentos profundos de Jesus, como se vê na obra gnóstica *Pistis Sofhia*, escrita provavelmente no século III, da qual Boberg transcreve esse trecho: "Tu és abençoada mais do que todas as mulheres na Terra, porque serás a plenitude de todas as plenitudes e a perfeição de todas as perfeições."

Nos documentos gnósticos, considerados apócrifos,

o autor afirma não ter encontrado indício ou informação de que Madalena tivesse sido uma cortesã, uma meretriz. As referências feitas descrevem Maria como a discípula que melhor compreendia o Mestre. As pesquisas dos documentos referidos sugerem, ainda, que Jesus pudesse ter se casado e tido filhos com Madalena.

À luz do espiritismo, temos informação de que Madalena tinha vidências e percepções mediúnicas, faculdades que, segundo o saudoso Hermínio Miranda no seu livro *O evangelho gnóstico de Tomé*, eram ainda mais notáveis que as do próprio Pedro. Daí se compreende por que Jesus se fez ver a Madalena quando da primeira aparição, pedindo-lhe não o tocasse, visto não encontrar-se tangível.

De outro lado, no livro *Boa Nova*, psicografado pelo médium Chico Xavier, Humberto de Campos dedica um capítulo inteiro a Maria de Magdala. Nele, o autor espiritual narra que ela vivia entregue aos prazeres em companhia de patrícios romanos; era uma mulher que havia abandonado o lar para entregar-se a uma vida de aventuras.

Boberg identificou diversas outras mensagens psicografadas por Chico Xavier, como as encontradas em *Palavras de vida eterna*, *Religião dos espíritos* e *Caminho, verdade e vida*, de Emmanuel, que classificam Madalena como "mulher tresmalhada na obsessão, dominada por sete gênios sombrios". Mas que, após conhecer Jesus, passou a cultivar a pureza e tornou-se símbolo da vitória da razão sobre a paixão. Na atualidade, a Igreja Católica mostra Madalena como uma mulher forte e corajosa.

O autor, judiciosamente, traz as suas pesquisas e deixa ao leitor o direito de analisar e concluir por si.

Boberg é também autor, entre outros, de *O Evangelho de Tomé* e *O Evangelho de Judas*, uma análise da passagem de Jesus, seus ensinamentos sob a visão desses dois Evangelhos considerados apócrifos e, por isso mesmo, rejeitados pela Igreja. É também consagrado autor de mais de uma dezena de obras publicadas sempre trazendo informações, pesquisas e o caráter reflexivo. Escreve numa linguagem clara, com a maestria de um grande escritor e pesquisador.

São Paulo, julho de 2017.
Julia Nezu Oliveira
Advogada, presidente da União das Sociedades Espíritas do Estado de São Paulo e Diretora fundadora do Centro de Cultura, Documentação e Pesquisa do Espiritismo – Eduardo Carvalho Monteiro (CCDPE-ECM).

INTRODUÇÃO

Escrever sobre a história de Maria Madalena – adverte Helenas Barbas, logo na primeira frase da Introdução de *Madalena – história e mito* (p.11) "é escrever que, primeiro de tudo é preciso esclarecer que a Verdade sobre Maria Madalena é que não há Verdade nenhuma".

Confesso que, quando iniciei as pesquisas sobre ela, a minha visão era **uma**, depois dos estudos, é **outra**. Estava preso ainda à imagem que se propagara pela poeira dos tempos, a de que ela era uma "pecadora", ou, para ser mais claro, "uma prostituta da qual Jesus tirara sete demônios". Pensava, como a grande maioria, na figura de uma mulher charmosa, de longos cabelos, atormentada por seus pecados e que, de algum modo, representa a imagem penitencial da Igreja. Nos quadros e obras de arte, ela sempre aparece com roupas provocantes, um manto vermelho, cabelos soltos, ajoelhada junto à cruz ou atirada devotamente aos pés de Jesus. Essa é a figura que tinha dela, mais por força do que se fala dela, do que o que ela realmente foi.

Nessa busca, no entanto, não encontrei nenhum episódio que confirmasse a presença de Maria Madalena como prostituta. Desafio também o leitor a fazer o mesmo. De onde, então, teria surgido essa história? Quem era, de fato, Maria Madalena? A ligação errônea das passagens evangélicas que falam dela levou a identificá-la com a pecadora (prostituta?) que ungiu os pés de Jesus (Lc. 7:36-50). E esse erro, infelizmente, virou verdade de fé. O inconsciente coletivo guardou na memória a figura de Maria Madalena como mito de pecadora redimida, fato considerado normal nas sociedades patriarcais antigas. A mulher era identificada com o sexo e ocasião de pecado por excelência.

Quando me tornei espírita, parti para investigação, através das comunicações mediúnicas, mas, para minha decepção, não encontrei outra informação, senão aquela que os livros bíblicos já registravam sobre ela. Assim, se buscarmos a literatura mediúnica, vários espíritos se referem a ela, através de médiuns confiáveis, porém, na mesma linha de pensamento, que registram os evangelhos oficiais da Igreja, os canônicos (Marcos, Mateus, Lucas e João), como a "prostituta que foi curada por Jesus".

Com os Evangelhos apócrifos encontrados em 1945, em Nag Hammadi no Egito, excertos do *Evangelho de Maria Madalena*, já eram citados em alguns gnósticos, ressaltando os primeiros sinais de sua importância, embora relegada pela Igreja, a ponto de chamá-la de meretriz, de pecadora *da qual saíram sete demônios*. Essa descoberta extraordinária pode nos fornecer pistas mais concretas sobre Maria Madalena histórica e não apenas ilações.

Atente-se, todavia, que até então, não tinham ainda sido descobertos *Os Evangelhos gnósticos*. Curiosamente, o primeiro a ser descoberto foi *O Evangelho de Maria – Miryam de Mágdala* – em 1896, porém, só publicado em 1955, por motivos que exporei, ao tratar, especificamente, sobre esse documento, na segunda parte deste livro. Os demais gnósticos, entre eles, *O Evangelho de Tomé*, de Filipe, *Pistis Sophia*, foram encontrados, em Nag Hammadi no Egito, por volta de 1945. Por conta disso, a única fonte de informação, tomada como referência, sobre Maria Madalena era a dos Evangelhos canônicos, únicos considerados "verdadeiros" pela Igreja católica.

Estes Evangelhos *gnósticos* foram tachados de *apócrifos* (falsos). Seus defensores foram considerados heréticos pela Igreja e, portanto, deveriam ser perseguidos até a morte. Então, todo documento que falava sobre Maria Madalena – que era *gnóstica* – foi literalmente enterrado. Abordarei com anotações importantes o assunto no capítulo 2, quando comentarei sobre os cátaros, que eram gnósticos, e a perseguição sofrida por eles pela Igreja católica.

Quero deixar bem claro que sempre tive interesse em conhecer a verdadeira história de Maria Madalena. Ao começar o estudo sobre a doutrina espírita, confesso ter ficado profundamente emocionado, quando me deparei com a mensagem de Emmanuel, por meio de Francisco Cândido Xavier, no livro *Caminho, verdade e vida*, cap. 92:

Dentre os vultos da Boa-Nova, ninguém **fez tanta violência a si mesmo**, para seguir o Salvador, como a inesquecível obsidiada de Magdala. Nem mesmo Paulo de Tarso faria tanto, mais tarde, porque a consciência do apóstolo dos gentios era apaixonada **pela Lei**, mas não pelos **vícios**. Madalena, porém, conhecera **o fundo amargo dos hábitos difíceis de serem extirpados**, amolecera-se ao contato de entidades perversas, **permanecia "morta" nas sensações que operam a paralisia da alma**; entretanto, bastou o encontro com o Cristo para abandonar tudo e seguir-lhe os passos, fiel até o fim, nos atos de negação de si própria e na firme resolução de tomar a cruz que lhe competia no calvário redentor de sua existência angustiosa. (Os grifos são nossos).

Embora a mensagem de Emmanuel fosse calcada na única informação que se tinha, de que ela era "pecadora", hoje, pelas descobertas de *Os Evangelhos gnósticos*, não se tem qualquer comprovação de ter sido ela uma meretriz; era, pois, o conceito que eu também tinha dela. A mensagem me levava a admirar a luta de Madalena para "abandonar os hábitos difíceis de serem extirpados", na avaliação de Emmanuel.

Assinale-se que ela é a única mulher a ter um "evangelho" com seu nome. Antes da descoberta do Evangelho que leva o seu nome, bem como dos outros gnósticos da biblioteca de Nag Hammadi expurgados pela Igreja, ela trazia apenas a "marca" dos Evangelhos canônicos, formatados pela Igreja. Algo me dizia que ela não era a mulher pintada na religião oficial. Por conta desse impulso, parti para este trabalho de pesquisa. Para minha felicidade, não foi em vão.

Busquei, então, garimpar tudo que falasse dela em *Os Evangelhos gnósticos*, até então, tidos como "apócrifos", pela ótica da Igreja, onde encontrei outra versão sobre ela, totalmente oposta ao que conhecia. Algo me impulsionava a "resgatar" a figura de Maria Madalena, colocando-a no seu devido lugar: a da mulher mais importante do cristianismo. Com a análise desses Evangelhos, surgem os primeiros sinais de sua importância, relegada pela Igreja, a ponto de chamá-la de meretriz, de pecadora da qual *saíram sete demônios*. Várias pistas foram surgindo sobre essa extraordinária mulher, como fato histórico e, não apenas, por ilações criadas pelo imaginário popular.

Com este pensamento – conforme já reportado – a literatura mediúnica, no geral, também se inspirou nessa única fonte de informação: os *Evangelhos canônicos*. Nesses documentos oficiais da Igreja, ela é retratada, nos comentários, tanto pelos seus líderes religiosos, como também pela população, como a mulher de vida desregrada, que fora curada por Jesus e se lhe tornara a sua mais importante discípula. Sobre este tema, reservei um capítulo todo, no final da primeira parte desta obra, com várias comunicações mediúnicas, para que o leitor possa "refletir" e extrair as suas próprias conclusões.

Maria de *Magdala*, ou Maria Madalena, é a figura feminina mais citada no Novo Testamento, ainda mais que Maria, a mãe de Jesus. O que não se sabia antes, principalmente pela população, é que existia até um *Evangelho de Maria,* redigido no século II d.C. É importante informar, inicialmente, que, assim como os Evangelhos canônicos, pela ordem de surgimento, Marcos, Mateus, Lucas e João, são apenas "atribuídos", mas não "escritos" por eles, igualmente, ninguém sabe quem escreveu o *Evangelho de Maria Madalena.* Assim entendendo, é que MACK assinala que "todos os escritos primitivos podem ser vistos como compêndios da história social de um grupo. Cada texto, então, pode ser estudado como expressão do pensamento e dos discursos particulares de um determinado grupo existente naquele tempo".[1] É com este intento que, já há alguns anos, vêm sendo feitos estudos e pesquisas para conhecer a verdadeira história de Madalena. Nesse trabalho, está sendo resgatado também o inconsciente do cristianismo, fragmentos de uma memória recalcada pelos primeiros patriarcas da Igreja.

Desde cedo, ela – como todas as mulheres judaicas – é discriminada pelo machismo judaico, em que se lê que as mulheres que andavam com Jesus "haviam sido curadas de espíritos malignos e doenças" (Lc 8:1-3). E os homens, por que seguiam Jesus? Foram também curados? Por que essa discriminação de que as mulheres, que seguiam Jesus, o faziam por terem sido curadas de espíritos malignos? Você não acha isso esquisito? De figura mais importante do início do cristianismo, ela é reduzida à condição de pecadora penitente. Conforme veremos, quando o assunto for tratado, as mulheres eram

---

1 MACK, Burton L. *O Evangelho perdido – O livro de Q e as origens cristãs,* p. 17.

atraídas por Jesus, não porque foram curadas de espíritos malignos, mas sim, por sua mensagem consoladora e de esperança.

Você vai saber sobre um sermão do papa Gregório Magno, proferido em Roma, no final do século VI d.C., que identifica Maria Madalena com a mulher anônima do Evangelho de Lucas (7:36-50), a pecadora pública, a meretriz. Irei demonstrar que a exegese papal é falsa. Com suporte num sermão do próprio papa, a criatividade humana encarregou-se de deflagrar as mais destrutivas imagens sobre ela. Então, se você perguntar hoje na rua: Quem é Maria Madalena? É provável que, de cada dez pessoas, nove dirão: Não é ela a prostituta do Evangelho, da qual *Jesus tirara sete demônios*? Já fiz essa pergunta onde proferi palestra. Por desinformação, a resposta é a mesma da população. Assim, para reconstruir-lhe a imagem, o primeiro passo a fixar, é o que esta mulher *não foi*. Nesses estudos, você irá se surpreender com sua história!

Para o desenvolvimento deste trabalho, utilizei-me de vídeos, documentários pela *internet*, pesquisas em várias obras que se referem a ela. Obviamente, que diante de inúmeras pesquisas, acrescentei interpretações pessoais. Primeiro, assisti o Documentário do *Discovery Channel* – à disposição do leitor no *youtube* –, mostrando o ponto de vista e as provas arqueológicas dos maiores teólogos, estudiosos, peritos e PhDs que existem na atualidade. Neste documentário, eles abordam tema de muitas controvérsias e poucas certezas, sobre Jesus e Maria Madalena, indagando ser ela a mãe do cristianismo, e mostrando a relação próxima, íntima e privilegiada com Jesus. Seria verdade que ela foi companheira íntima de Jesus? Que eles mantiveram relações sexuais? Que tiveram filhos? Seria verdade que ela foi uma prostituta e arrependeu-se depois de ter contato com a mensagem de Jesus? Que quase foi apedrejada por suas atividades sexuais ilícitas? Essas e muitas informações são abordadas pelos PhDs, nesta pesquisa.

Dentre esses historiadores, todos PhDs, destacamos Bart D. EHRMAN – um dos maiores especialistas em estudos bíblicos e origens do cristianismo – Chefe do Departamento de Estudos Religiosos da *University of North Carolina*; Chapel Hill, autor de várias obras, entre elas, o livro *Pedro, Paulo e Maria Madalena*, obra que me serviu de roteiro no desenvolvimento deste trabalho; Elaine PAGEL, titular da cátedra de religião Harrington Spear Paine, na Universidade de Princepton, uma das mais respeitadas estudiosas do início do cristianismo. É autora, entre outras obras, de *Os Evangelhos gnósticos*; Juan ARIAS, da Universidade de Roma, também autor de várias obras, entre elas, *Maria Madalena – o último tabu do cristianismo*. Outros autores, de igual porte, com suas titulações, são citados no rodapé, no decorrer da obra.

Para melhor didática, dividi o estudo sobre o *Evangelho de Maria*, em duas partes: **O que dizem sobre ela os outros Evangelhos**? E o estudo de O *Evangelho de Maria – Miryam de Mágdala*, propriamente dito.

Na primeira parte, o objetivo é trazer à reflexão o que os Evangelhos canônicos, incluindo aí os gnósticos, escrevem sobre ela. Para esse fim, dividi o estudo em

15 capítulos, conforme relacionados no sumário desta obra.

Na segunda parte, comentei o *Evangelho de Maria Madalena*, trazendo, inicialmente a história sobre a publicação dessa obra que, embora descoberta em 1896, só veio a lume em 1955. Em seguida – veja também o sumário, em sua 2.ª parte – analisei a estrutura do documento que, para efeito didático, está dividido em subdivisões iguais.

Na primeira subdivisão, a "despedida de Jesus", quando o tema central é a preocupação dos discípulos com dois assuntos: "a natureza" deste mundo e "o pecado".

Na segunda subdivisão, o assunto é sobre a "Revelação a Maria Madalena".

Na terceira subdivisão, é tratada da "Reação masculina à revelação de Maria Madalena".

Vamos, então, viajar juntos para desvendar a história desta extraordinária mulher!

PRIMEIRA PARTE

O QUE DIZEM SOBRE ELA
OS OUTROS EVANGELHOS?

1

O INÍCIO DO CRISTIANISMO

JÁ REPORTEI ESTE ASSUNTO em dois de meus livros, *O Evangelho de Tomé* e *O Evangelho de Judas*, mas, a título de suporte didático ao objetivo desta obra, não posso, deixar de trazer à reflexão, mesmo que *en passant*, o que ocorreu no início do cristianismo. Muitos pensam que, no início, o cristianismo se constituiu de um único bloco ortodoxo e monolítico, onde reinava a plena fraternidade. E, por conta disso, defendem uma volta às suas origens.

Segundo a lenda cristã, a antiga igreja era diferente. Cristãos de todos os credos buscam encontrar nos primórdios da Igreja uma forma de fé cristã mais simples e pura. Na época dos apóstolos, todos os membros da comunidade cristã compartilhavam dinheiro e propriedade; todos acreditavam no mesmo ensinamento, todos rezavam juntos; todos reverenciavam a autoridade dos apóstolos. Apenas depois desses anos dourados foi que o conflito, a heresia, surgiu; é o que diz Lucas, autor de *Atos dos Apóstolos*, que identifica a si mesmo como o primeiro historiador do cristianismo.[2]

No entanto, a descoberta dos livros gnósticos em Nag Hammadi modificou esse cenário: a verdade é outra! Várias correntes do pensamento cristão se digladiavam, cada uma tentando impor sua interpretação sobre Jesus. Entre elas, cito os ebionistas, os marcionitas, os gnósticos e ortodoxos.[3] Como irei abordar *O Evangelho de Maria Madalena* – também gnóstico – entendo que é de bom alvitre que tomemos ciência de como essa corrente cristã se revelou, de como causou impacto à corrente ortodoxa, sendo seus membros perseguidos e milhares deles assassinados.

Neste sentido, quem conhece a história do cristianismo sabe que, na realidade, não se constituiu ele num verdadeiro mar de rosas, tudo calmo e harmonioso. Essas correntes do pensamento sobre Jesus circulavam com um antagonismo fratricida. Quando se fala em voltar às bases cristãs, como paradigma de paz e harmonia, é engano total. É um retrocesso![4] Elaine Pagel chega a admitir nos bastidores uma luta pelo poder, já que a corrente cristã dos gnósticos desafiava a autoridade dos bispos e contestavam aspectos doutrinários sobre os quais a Igreja estava assentada.

---

2. PAGEL, Elaine. *Os Evangelhos gnósticos* – introdução, p. xxiv,
3. Ler mais sobre estas correntes no livro, *O Evangelho de Tomé – o elo perdido*.
4. BOBERG, José Lázaro. *Milagre – fato natural ou sobrenatural?* p. 22.

Ao lastimar a diversidade dos primeiros movimentos, o bispo Irineu e seus seguidores insistiram em que só poderia haver uma única igreja e fora dela, declarou, "não há salvação". Apenas membros dessa igreja são cristãos ortodoxos (literalmente, "pensamento correto"). E afirmou, ainda: essa igreja deve ser *católica* – ou seja, universal. Quem quer que desafiasse essa doutrina era considerado herege e expulso.[5]

Os cristãos ortodoxos insistiram em que a Humanidade precisava encontrar uma maneira além de seu próprio poder – uma via divina – para aproximar-se de Deus. E isso, diziam, a Igreja católica oferecia àqueles que estariam perdidos, sem a presença de Deus: "Fora da Igreja católica não há salvação". Os gnósticos, ao contrário, não aceitavam isso, colocando tudo a partir do potencial que cada um traz em si, quando, então se descobre a verdade. A salvação não está fora, mas dentro de si mesmo.

É nessa linha de pensamento que:

> [...] os gnósticos proclamavam, desde os seus princípios, uma teologia baseada na busca de Deus dentro da consciência pessoal e não tanto como elemento exterior ao homem; defendiam a religião com menos leis e mandamentos, uma religião talvez menos política e mais interiorizada espiritualmente, mais centrada na busca da sabedoria que na luta contra o pecado.[6]

---
5. Idem, PAIGEL, pp. xxi-xxvi.
6. ARIAS, Juan. *Madalena o último tabu do cristianismo*, p. 60.

O espiritismo que, na essência, segue a linha gnóstica e não acata o pensamento exclusivista de que "Fora da Igreja não existe salvação", substituindo-o por "Fora da caridade não há salvação", pondera:

> Enquanto a máxima: Fora da caridade não há salvação, apoia-se num princípio universal, abrindo a todos os filhos de Deus o acesso à felicidade suprema, o dogma: Fora da Igreja não há salvação apoia-se, não na fé fundamental em Deus e na imortalidade da alma, fé comum a todas as religiões, mas na fé especial em dogmas particulares. É, portanto, exclusivista e absoluto. Em vez de unir os filhos de Deus, divide-os. Em vez de incitá-los ao amor fraterno, mantém e acaba por legitimar a animosidade entre os sectários dos diversos cultos, que se consideram reciprocamente malditos na eternidade, sejam embora parentes ou amigos neste mundo; e desconhecendo a grande lei de igualdade perante o túmulo, separa-os também no campo-santo. A máxima: Fora da caridade não há salvação é a consequência do princípio de igualdade perante Deus e da liberdade de consciência.[7]

Esse é o panorama desafiador às correntes cristãs contrárias ao pensamento cristão ortodoxo, o que gerou uma luta fratricida, principalmente quando os ortodoxos, comandados pela Igreja Católica, obtiveram su-

---
7. KARDEC, Allan. *O Evangelho segundo o Espiritismo*, cap. XV, item 8.

porte militar, pois, depois de o Imperador Constantino tornar-se cristão no século IV, a perseguição aumentou na caça aos "hereges". Daí para frente, o comando estava livre à Igreja que liderou, a "ferro e fogo", sua hegemonia durante muito tempo. Os dissidentes cristãos da linha ortodoxa foram proibidos de divulgar suas doutrinas. Assim, os gnósticos foram obrigados a queimar seus manuscritos, Informa a historiadora Elaine Pagel:

> A posse dos livros denunciados como heréticos tornou-se ofensa criminal, e cópias desses manuscritos foram queimadas e destruídas. Mas no Alto Egito alguém, talvez um monge do mosteiro de São Pacônio, apanhou os livros proibidos e escondeu-os – protegendo-os da destruição – no vaso em que permaneceram enterrados por quase 1.600 anos.[8]

---

8. Idem, PAGEL.

2

OS CÁTAROS

ESSA CORRENTE GNÓSTICA VAI ressurgir no ano de 1208, no sul da França. São autoidentificados como "homens bons" (*Bons hommes*) ou "bons cristãos". Em Roma, o papa desencadeia toda fúria da Igreja, numa Cruzada (Cruzada, de cruz, a cruz do Cristo, o grande ícone cristão[9]), acendeu fogueiras para expurgar da terra pessoas que, simplesmente ousaram *pensar diferente*, sobre os ensinamentos do Cristo, daqueles que entendiam por "donos da verdade", da vida e da morte de todas as criaturas. Para a Igreja, devia-se eliminar esse grupo cristão dissidente.

Os cátaros eram um povo profundamente espiritualizado, e, "fisicamente" não ofereciam ameaça a ninguém, mas "teologicamente" eles eram uma enorme ameaça à

---

[9] As Cruzadas foram criadas pela Igreja Católica, constituindo-se de movimentos militares cristãos em sentido à Terra Santa com a finalidade de ocupá-la e mantê-la sob domínio cristão. Seus participantes se consideravam soldados de Cristo e se distinguiam pela cruz em suas roupas.

Igreja. Essa abordagem mística do cristianismo pelos cátaros é conhecida por "gnosticismo", considerada "herética" pela Igreja Católica.

> Das centenas de seitas e variações que Will Durant atribui ao cristianismo dos primeiros três séculos, pouquíssimas teriam suscitado as preocupações que o gnosticismo criou para a hierarquia cristã dominante[10]. Eles afirmavam que o conhecimento era o caminho da salvação, não a fé em Cristo, mas o conhecimento. Conhecer os verdadeiros segredos que Cristo revelou.

> Eles acreditavam que todo o ser humano possuía uma 'centelha' divina. Partindo desse princípio, o propósito era começar a evoluir a partir disso. Você não precisava de um intermediário. Refere-se aqui à Igreja hierarquizada e suas lideranças (padres e bispos). Sendo assim, eles, basicamente, se opunham à Igreja Católica. Roma não gostou nada disso.[11]

Não é outro o entendimento do espiritismo, ensinando que todo ser carrega consigo uma centelha divina. A presença de Deus está em tudo e em todos. Ninguém é beneficiário exclusivo dessa presença. O objetivo de cada um é dar pleno desenvolvimento a este gérmen divino. Então, sob a égide da lei do progresso, que é uma

---

10. MIRANDA, Hermínio C. *O Evangelho gnóstico de Tomé*, p. 35.
11 WARD Dan, Ph.D, in Nuclear Physics from the University of Texas at Austin. Documentário Discovery Channel.

lei natural[12], cada um deve dar conta de sua administração. A felicidade é fazer brilhar esse potencial que Jesus chamou de "pérola escondida", "luz debaixo do alqueire", entre outras comparações.

O Vaticano, até hoje, não aceita a hierarquia, em que as mulheres possam pregar o Evangelho. Sem dúvida, a Igreja ainda se sente ameaçada pelo papel da mulher dentro da instituição. Com o passar do tempo, a repressão da Igreja contra Maria Madalena se estendeu aos seguidores dela. Na França, após mil anos da morte de Jesus, os cátaros praticavam uma forma mista de cristianismo, semelhante ao gnosticismo. Eles louvavam Maria Madalena e rejeitavam o poder do papa e de Roma. E por isso, foram perseguidos e mortos.

Assim, é que, em 22 de julho de 1209, enquanto o sul da França estava sob cerco, os cátaros fugiram dos cruzados cristãos, refugiando-se numa igreja, batizada com o nome de uma das suas santas mais veneradas, *Maria Madalena*. Foi uma cruzada que durou cerca de 35 anos, então, o número de cátaros que foram mortos pode chegar a 100.000.

Como Maria Madalena, mencionada apenas de passagem na Bíblia, tornou-se um sinal de heresia para a Igreja? E o que os gnósticos acreditavam a seu respeito, a ponto de virar alvo de Roma?

Os cátaros acreditavam que a graça de alcançar o mundo espiritual dependia da obtenção de dis-

---
12. Ver o livro *Da moral social às Leis Morais,* por esta editora.

cernimento, do "conhecimento", da "gnose" e da "mudança de comportamento". Outros aspectos eram muito ameaçadores da Igreja, como o fato de as mulheres serem tratadas com igualdade total, não só no clero, mas na sociedade, como um todo.[13]

Tal crença colocou os cátaros na mira do Vaticano e do papa Inocêncio III. A visão de mundo dos gnósticos e dos cátaros contradiz, diretamente, a do cristianismo. A resposta do papa foi, então, criar uma Cruzada contra os cátaros.

Assinale-se que as Cruzadas não foram criadas para combater "especificamente", os cátaros. Elas já haviam começado quase duzentos anos antes. Essa foi mais uma das empreitadas para combater os chamados "inimigos" da Igreja. As cruzadas, geralmente, eram empreendidas contra os que não aceitavam a Igreja, não contra outros cristãos. O fato inusitado é que essa cruzada foi criada para combater os cristãos que *pensavam diferente*. Eram chamados, por isso, de *heréticos*. A palavra "heresia" quer dizer doutrina contrária ao que foi definido pela Igreja. O herético ou herege não seria, pois, necessariamente, aquele que prefere uma doutrina *contrária* à da Igreja ou *ofensiva* à religião, e sim, uma doutrina, prática ou ensinamento *diferente* daqueles que a igreja tenha resolvido definir como padrão[14]. O catarismo apresentando conteúdo muito mais próximo das origens e, portanto, mais cristão do que o modelo da Igreja – mais

---
13. WALLACE, Thimoty. Murphy, PhD – documentário do Discovery Channel
14. MIRANDA, Hermínio C. *Os cátaros e a heresia católica*, p. 43.

que oferecia ou propunha –, impunha-se como verdade única e absoluta. Assim, nesse entendimento, os cátaros não eram heréticos, mas sim, a Igreja católica o era.

Então, o objetivo era dizimar os cátaros. Informa Dane Ward que o ataque foi implacável. Chegaram à primeira cidade que tomaram, em Carcasonne, na França, e mataram homens, mulheres e crianças, sem exceção. E quem não era morto de imediato, era queimado vivo. Eles colocavam as pessoas em jaula e ateavam fogo. Aquilo foi terrível, eles não estavam tentando estabelecer uma democracia ou algo assim.[15]

Após uma batalha, os cruzados arrancavam os narizes e lábios superiores dos cátaros sobreviventes, como exemplo do que poderia acontecer aos impenitentes. Era uma licença para roubar, para estuprar, para pilhar, para matar e saquear. Essa guerra durou 30 anos. Uma guerra absolutamente brutal.

Antes de lançar suas forças sobre os cátaros escondidos na Igreja de Santa Maria Madalena, Arnaud-Amaury, abade de Cîteaux (arcebispo de Narbonne a partir de 1212) investido da autoridade suprema de legado papal, era quem, em momentos cruciais tinha sempre a palavra final. Consultado a respeito de como proceder para distinguir católicos e heréticos, Amaury teria solucionado o problema de modo radical: "Massacrem todos! Comandou ele. Deus saberá quais são os seus."[16]

---
15. Ph.D. Documentário do Discovery Channel.
16. MIRANDA, Hermínio C. *Os cátaros e a heresia católica*, p. 34.

Dezenas de milhares de cátaros, homens, mulheres e crianças foram, sistematicamente, torturados e assassinados. Mas, mesmo com o extermínio dos cátaros, Roma continuou com violenta campanha contra todos que estivessem violando sua doutrina. Com esse objetivo, a Igreja, então, institui a Inquisição, o regime de tortura, intimidação e violência que durou mais de 60 anos.

O extermínio dos cátaros não constituiu uma história bonita, de heroísmos e nobres motivações, ou, pelo menos, de uma guerra como outras tantas, mas pavorosa exibição de crueldade, de ódio, de insensibilidade contra uma comunidade civilizada e culta para os padrões da época e que somente desejava viver em paz com suas crenças e suas práticas. Não há, realmente, como minimizar tanto horror, como se fosse a coisa mais natural do mundo ou, no mínimo, compreensível, exterminar seres humanos, somente porque pensavam de modo diverso daqueles que, no momento, tinham o poder nas mãos. [17]

---

17. Idem, ibidem, pp. 29/30.

3

O ESPIRITISMO É GNÓSTICO?

VALE RESSALTAR AINDA QUE há uma semelhança impressionante entre as filosofias gnósticas anteriores ao cristianismo – que floresceram na Babilônia, Egito, Síria e Grécia e procuraram se amalgamar, posteriormente, ao ensino de Cristo (o "Evangelho de Judas" é uma das muitas provas disso) – e os ensinos de Allan Kardec e Madame Blavatsky, ambos nascidos no início do século XIX, que condensaram e impulsionaram o espiritismo e o esoterismo modernos, respectivamente. De fato, as doutrinas espírita e esotérica atuais são ramificações do velho tronco gnóstico.

O catarismo, linha gnóstica do cristianismo, foi um dos movimentos precursores do espiritismo ordenado no século XIX, pelo Prof. Rivail (Allan Kardec). E isto aconteceria naquela mesma França que, pela força das armas e associada ao poder articulador e de pressão da santa Sé, anexara o belo e rico território de *Languedoc* (refere-se à língua vernácula desta região, a chamada **língua** de **oc**).

São significativos os pontos comuns entre catarismo e espiritismo, a partir dos conceitos como o da preexistência e sobrevivência do ser e o da reencarnação. Da mesma forma que o espiritismo, o catarismo não aceita a reencarnação de espíritos humanos em animais. Quanto à moral, os cátaros, como os espíritas, adotaram, sem vacilações ou deformações, a de Jesus. Sobre os aspectos religiosos propriamente ditos, rejeitavam a divindade do Cristo, todos os sacramentos, exceto o batismo, que, no entanto, reverteram à sua função original de um procedimento iniciático, símbolo de admissão do noviço à comunidade religiosa. Tal como nas primitivas práticas cristãs, o batismo era ministrado por imposição das mãos (passes), um batismo do "espírito e do fogo" e não pela água. Os cátaros rejeitavam o inferno, a trindade divina, o resgate dos "pecados" pelo sangue do Cristo. Cada um é o artífice de sua própria redenção, conseguida por um comportamento correto perante as leis divinas. [18]

Assim é que, neste sentido, é também o entendimento de Hermínio C. Miranda [19], quando afirma:

> Uma corrente gnóstica ressurgida agora, com as características básicas que floresceu entre os anos 120 e 240, poderia facilmente ser identificada com o **espiritismo**, por exemplo, com muitos pontos superpostos, algumas divergências e umas poucas discordâncias, mas não seria jamais caracterizada

---
18   MIRANDA, Hermínio C. *Os cátaros e a heresia católica*, p. 32
19. Idem, ibidem, *O Evangelho gnóstico de Tomé*, p. 43.

como heresia espírita ou cristã. Seria uma corrente de especulação filosófico-religiosa, como qualquer outra. Poderia até suscitar debates e controvérsias, mas não assumir as proporções de uma perigosa *heresia do conhecimento*.

Depois, este mesmo autor, em entrevista à Revista O Reformador da Federação Espírita Brasileira,[20] assevera:

> Não há dúvida de que o catarismo foi um dos mais convincentes precursores do espiritismo. Antes dele, o mais promissor e bem articulado foi o movimento gnóstico. A inteligente doutrina cátara foi elaborada a partir do Evangelho de João, de Atos dos Apóstolos e das Epístolas, principalmente as de Paulo. Tive algumas surpresas como a de encontrar referências ao Consolador, que, com tanto relevo figura na doutrina dos espíritos. E mais: reencarnação, comunicabilidade entre as duas faces da vida, o despojamento dos cultos, sem rituais e sem sacramentos...

Seu propósito era o de um retorno à pureza original do cristianismo. E, por isso, morreram nas fogueiras da Inquisição.

---

20. Publicado no Boletim GEAE, n.º 460, de 29 de julho de 2003.

4

A BIBLIOTECA DE NAG HAMMADI

NO ANO DE 1896 é encontrada uma das descobertas mais significativas do final do século XIX, *O Evangelho gnóstico de Maria*, antes mesmo da descoberta da famosa biblioteca de Nag Hammadi no Egito, que ocorreu em 1945. Porém, por uma série de contratempos, como será elucidado na 2.ª parte deste livro, quando abordarei, especificamente, o *Evangelho de Maria*, só foi colocado ao público quase 60 anos após a sua descoberta, com a publicação da primeira edição em 1955. Então, é importante, mesmo que rapidamente, trazer alguns pontos nevrálgicos sobre a história dos tratados de Nag Hammadi.

Importa salientar que o empenho da maioria para destruir qualquer vestígio da "blasfêmia" herege dos gnósticos, provou-se tão bem-sucedido que, até as descobertas de Nag Hammadi, quase toda informação sobre formas alternativas do início do cristianismo provinha de ataques ortodoxos intensos contra elas. Embora o gnosticismo, talvez fosse a primeira – e maior – ameaça das "heresias", os estudiosos tomaram conhecimento apenas de uma pequena quantidade de textos gnósticos originais, nenhum publicado antes do século XIX.

No ano de 1945, em Nag Hammadi no Egito, fazendeiros fazem uma descoberta chocante no deserto, que pode revelar a verdadeira importância de Maria Madalena. Alguns homens estavam procurando fertilizantes e, por acaso, desenterraram uma jarra. Dentro dessa jarra havia treze livros. Esses livros continham uma coleção de escritos. Cada livro era uma pequena antologia. Ao todo, havia 52 textos. Os especialistas ficaram impressionados, porque era uma coleção de escritos gnósticos, muitos, completamente desconhecidos. Então, foi uma descoberta que transformou a nossa compreensão do cristianismo, porque, antes disso, nós só conhecíamos os gnósticos através dos escritos de seus inimigos, os fundadores da Igreja. Esses Evangelhos gnósticos, contemporâneos dos Evangelhos canônicos que conhecemos, mostram uma versão completamente diferente do início do cristianismo, uma versão que não sobreviveu. Esses textos também apresentam uma visão radicalmente diferente da relação entre Jesus e Maria Madalena. Uma seguidora com enorme influência.

Os textos encontrados em Nag Hammadi constituíam-se de uma coleção dos primeiros evangelhos de grupos cristãos, antes desconhecidos. Entre eles estava *O Evangelho de Tomé*, um dos banidos pela decisão da Igreja. Além dele, foram encontrados: O Evangelho de Felipe, Pistis Sophia, o Apócrifo de João, Evangelho da Verdade, Evangelho dos Egípcios, Livro Secreto de Tiago, o Apocalipse de Paulo, as Cartas de Pedro a Felipe e o Apocalipse de Pedro.

Eram traduções *coptas* (língua derivada do egípcio antigo), há cerca de 1.500 anos, de manuscritos antigos. Embasando-se, ainda, no documentário do *Discovery Channel*, observa-se que:

> As histórias de Jesus não foram passadas para o papel por décadas. Estudiosos acreditam que o Evangelho mais antigo, o Evangelho de Marcos, foi escrito por volta do ano 70, d.C. – 30 a 40 anos, depois de sua morte. Mas esse não foi o único evangelho. Lá pelo ano 200 d.C., não havia somente os quatro evangelhos (Marcos, Mateus, Lucas e João). Pode ter havido até 70. Alguns desses livros foram mencionados por escritores da Antiguidade, mas, até recentemente, todos estavam desaparecidos. O que aconteceu com eles? E por que há somente quatro evangelhos hoje? A resposta nos leva menos à fé, e mais à política.[21]

Com essas descobertas gnósticas, aqueles que foram tachados de "hereges" (contrários à Doutrina da Igreja), podem falar por si mesmos. Eles, sem dúvida, expressaram ideias que foram execradas pelos ortodoxos. Dentre os textos, encontramos, citando apenas um, a título de exemplo, embora sejam vários, a controversa questão da **ressurreição** de Jesus, que é sugerida pelos

---
21. Ver o livro *O Evangelho de Tomé* – o elo perdido, texto 2.

gnósticos, não como fato "histórico" real, devendo ser entendida de forma "simbólica" e não "literal". Segundo Elaine Pagel[22], alguns textos radicais até denunciam os próprios cristãos católicos como hereges (contrários ao pensamento gnóstico) que, embora não entendessem o mistério (...) vangloriavam-se de que o mistério da verdade pertencia apenas a eles.

O cristianismo ortodoxo adotado pela Igreja, como definido pelo credo apostólico, apresenta conteúdos que poderiam parecer estranhos até hoje. O credo requer que os cristãos confessem: o nascimento virginal de Jesus, a trindade Universal, a aceitação de milagres, o céu e o inferno, ressurreição no terceiro dia, demônio, Juízo final, salvação pela Igreja, dentre outros. Por suas ideias totalmente contrárias à dos ortodoxos, constituíam-se os gnósticos numa seita deveras perigosa aos interesses políticos da Igreja, conforme já vimos.

---

22. PAGEL, Elaine. *Os Evangelhos gnósticos* – introdução.

5

A ORIGEM DO NOME DE MARIA MADALENA

CONFORME JÁ REPORTADO, A ideia que temos de Maria Madalena é de uma mulher charmosa, de longos cabelos, atormentada por seus pecados e que, de algum modo, representa a imagem penitencial da Igreja. Nos quadros e obras de arte, ela sempre aparece com roupas provocantes, um manto vermelho, cabelos soltos, ajoelhada junto à cruz ou atirada devotamente aos pés de Jesus. Porém, quando vamos procurar no Novo Testamento a existência da pecadora Madalena, nada encontramos. Não encontramos nem um episódio que descreva a imagem da prostituta que conhecemos. De onde teria surgido essa história?

Quem era, de fato, Maria Madalena? A ligação errônea das passagens evangélicas que falam dela levou a identificá-la com a pecadora (prostituta?) que ungiu os pés de Jesus (Lc 7:36-50). E esse erro, infelizmente, virou verdade de fé. O inconsciente coletivo guardou, na memória, a figura de Maria Madalena como mito de pecadora redimida, fato considerado normal nas sociedades patriarcais antigas.

Na Palestina, como em todo mundo judaico, o nome de uma pessoa era muito importante; era como um programa de vida. As famílias escolhiam o nome dos filhos sabendo que essa palavra lhe definiria a vida e o caráter para sempre. Assim é que, para marcar a designação dos indivíduos, se lhe acrescentava ao nome, o do pai, ou o da cidade de nascimento – ou da cidade de onde tinha vindo – e, em certas ocasiões, o de sua profissão ou seu ofício. Como exemplo, temos Jesus de Nazaré (cidade onde tinha vivido); João Batista (Batista era quem batizava); Jesus chamou Simão de Cefas (Pedra); Judas Iscariotes (natural de Queriote); Madalena é a única mulher citada nos Evangelhos que aparece com um segundo nome, o de sua cidade.

O nome Madalena é um adjetivo gentílico, ou nome pátrio. Ele indica seu lugar de origem, para distingui-la das demais. Segundo a tradição local, ela era uma habitante da cidade Magdala (Migdal, em hebraico). Daí o seu sobrenome. Descobertas por arqueólogos, em 2009, as ruínas de Migdal se torna um ponto turístico em Israel. Uma cidade que permaneceu por mais de dois mil anos soterrada tornou-se um novo centro de peregrinação em Israel. Pela tradição bíblica, Magdala é a cidade onde Maria Madalena nasceu e onde ela teria conhecido Jesus. A cidade que, geralmente, é apresentada como terra natal de Madalena é "Migdal Nunnayah", chamada Torre de Peixes. Alguns teóricos dizem ser a sua cidade de origem, porém, para outros, é muito provável que esta cidade não existisse no tempo de Madalena, pelo menos com este nome, e sim, foi criada, posteriormente, após a guerra dos judeus, ou recebeu o nome "Torre de Peixes" após este evento.

A cidade, hoje de nome Magdala, era chamada, anteriormente, na época de Madalena, de Tariqueia nos tempos bíblicos.

> O nome dela literalmente era Maria Magdalena. E o que o nome dela significa? A palavra Migdal significa "Torre". Então, é possível que signifique "Maria, a torre". Jesus rebatizou quase todos os seus seguidores: Pedro significa "pedra", o verdadeiro nome dele era Simão e, se for "Maria, a torre", isso indicaria que ele lhe deu uma designação muito importante. Assim como ele chamou Pedro de pedra, uma torre é um símbolo de força. Pode ser uma pista, indicando que Maria Madalena foi uma figura central no ministério de Jesus[23].

---

23 TABOR, James D. Professor in the Department of Religious Studies at the University of North Carolina at Charlotte, documentary do Discovery Channel.

6

MARIA MADALENA NAS FONTES MAIS ANTIGAS

ESCREVER SOBRE MARIA MADALENA e sua relação com Jesus, tão somente com base nas poucas fontes oficiais da Igreja, é algo extremamente difícil para um pesquisador. Veja:

> [...] o seu nome aparece apenas **treze** vezes em todo o Novo Testamento – incluindo as passagens paralelas (ou seja, seu nome aparece duas vezes numa história de Mateus, e a mesma história aparece em Marcos e Lucas, essas seriam seis das treze ocorrências). Ela não é mencionada nenhuma vez no Livro de **Q** (a primeira fonte cristã, redigida na década do ano 50), no livro dos *Atos dos Apóstolos*, nas *Cartas de Paulo* (que foram as primeiras informações sobre Jesus, antes dos Evangelhos), nem em nenhum dos outros textos do Novo Testamento, pelos dez autores conhecidos como os padres

Apostólicos, logo depois do Novo Testamento, nem por muitos dos nossos mais antigos Padres da Igreja[24].

Com a descoberta da Biblioteca de Nag Hammadi (1945) e, antes dela, *O Evangelho de Maria* 1896 –, conforme já reportado, só vindo a público em 1955 – é que passamos a conhecer um pouco mais sobre essa enigmática figura, mas, mesmo assim, sem ter certeza plena do que falam sobre ela, como "fato histórico" (verdadeiro). Há muita lenda em torno de seu nome, tornando-se difícil separar o que é um fato histórico (realmente acontecido) e o que é fruto de imaginação e dos acréscimos lendários.

Nos últimos tempos:

> [...] alguns escritores e estudiosos contemporâneos, principalmente Margaret George, Henry Lincoln, Michael Baigent e Richard Leigh, autores do livro *O Santo Graal e a Linhagem Sagrada* (1982), e Dan Brown, autor do romance *O Código da Vinci* (2003), narram Maria Madalena como uma apóstola, mulher de Jesus que teve com ele, inclusive, filhos[25].

Alguns especialistas nada fizeram para excluir essa ideia da cabeça das pessoas, defendendo que ela era a discípula mais chegada ao Mestre, ou a única que foi fiel a ele, até o fim, ou aquela que deve ter recebido seus en-

---

24. EHRMAN, D. Bart. *Pedro, Paulo e Maria Madalena*, p. 272.
25. Ver p. 195, do livro *Milagre – fato natural ou sobrenatural?*

sinamentos especiais em particular nos momentos que compartilharam. Que provas disso existem em nossas fontes mais antigas ou nos Evangelhos do Novo Testamento? Praticamente nenhuma, para dizer a verdade[26].

É fundamental deixar claro que, durante todo o ministério de Jesus, Madalena só foi citada **uma única vez**, antes da ressurreição e, apenas em um único **Evangelho**, o atribuído a Lucas, que foi o terceiro na ordem de aparecimento, lá pelos anos 80. O autor de Lucas teve como fonte, Marcos e Mateus e, ainda, inserindo acréscimos através de outras fontes, como por exemplo, o Evangelho **Q** (*Fonte Q*). Diz o texto:

> Depois disso Jesus ia passando pelas cidades e povoados proclamando as boas-novas do reino de Deus. Os Doze estavam com ele, e algumas mulheres que haviam sido curadas de espíritos malignos e doenças: Maria, chamada Madalena, de quem haviam saído sete demônios (essa informação foi copiada de Marcos, o primeiro canônico) e; Joana, mulher de Cuza, administrador da casa de Herodes; Susana e muitas outras. Essas mulheres ajudavam Jesus e os doze com os seus bens. (Lc: 8:1 a 3).

Atente para o detalhe, essa é única referência quanto à **relação dela com Jesus**, durante todo o seu ministério em *O Novo Testamento*. E ainda, os outros três Evangelhos oficiais da Igreja (os canônicos) não a citam, **nenhu-**

---

26. EHRMAN, D. Bart, mesma obra, pp. 272-273.

ma vez. Por que os Evangelhos nada contaram sobre Maria Madalena antes da ressurreição? Não sabiam ou trata-se de um acréscimo posterior? Apuremos a curiosidade e fiquemos atentos!

Acautele-se, ainda, que, no primeiro século do cristianismo, as comunidades primitivas não eram detentoras dos textos, como hoje os conhecemos; o que se tinha como ensinamento de Jesus, era baseado nas Epístolas de Paulo (30 anos após a morte de Jesus), que foram escritas antes dos Evangelhos. Ele foi o primeiro escritor cristão. Ele nada fala sobre Maria Madalena. Será que ele não sabia? Por que será? Neste sentido, Voltaire (Verbete Évangile, de seu Dicionário) informa que "... nenhum dos primeiros Pais da Igreja, inclusive Irineu, cita qualquer passagem que conhecemos". E mais "... citam muitas passagens que somente são encontradas nos Evangelhos apócrifos, rejeitados pelos canônicos". Isso nos leva à conclusão de que os textos em que os comentaristas primitivos se apoiaram não são os quatro evangelhos canônicos, utilizados hoje pelas igrejas cristãs. Eles vieram depois, num processo contínuo, em que os ortodoxos foram construindo a visão de Deus, Cristo e Igreja[27]. Em outros termos, eles foram escritos depois.

Então, até aí, com base nessas anotações, não há subsídio nenhum para descrever sobre o "relacionamento" de Jesus com Maria Madalena. Nenhuma pista – nem nas entrelinhas – denuncia que ela era "pecadora" (aqui, entendido como sinônimo "prostituta"). Ora, pecadora

---

27. Texto 1, do livro *O Evangelho de Tomé – o elo perdido*.

no sentido cristão não quer dizer "perdido por sexo". Todo e qualquer ato contrário às leis de Deus, na época, era considerado "pecado" que, literalmente, vem de *pecus* do latim, que quer dizer "errar o alvo". Toda vez que você se afasta da lei de Deus – gravada na consciência – está, segundo essa ideia, "pecando" (errando o alvo). No entanto, após a crucificação e ressurreição de Jesus, alguns estudiosos ensaiaram "especulações" sobre a "intimidade" dela com Jesus. Segundo os relatos mais antigos, Maria Madalena assistiu à crucificação, ao sepultamento e, no terceiro dia, diz-se que foi com outras mulheres "ungir" o corpo de Jesus, quando encontrou o túmulo vazio.

Então, com base nessas informações, deduz James D. Tabor[28] que:

> [...] deitar o corpo nu para lavá-lo e ungi-lo, prepará-lo com aromas e óleos para o sepultamento é um ato da maior "intimidade". Se você pensar bem, isso era muito intrigante. De onde ela surgiu? Quem é ela? Por que ela assumiu esse papel? E o que mais chama a nossa atenção mesmo, é a "intimidade". Ela está na família?

Em duas fontes, Jesus ressuscitado surge primeiro diante dela, antes de aparecer a qualquer outra pessoa, antes mesmo de Pedro.

É por isso que, de acordo com esta fonte, Maria Ma-

---

28. James D. Tabor Ph.D., chair, Departament of Religious Studies University of North Caroline, Charlotte – documentary do Discovery Channel

dalena passou a ser a mulher mais importante para os narradores cristãos, tanto antigos, como atuais. É ela, então, considerada a primeira testemunha da ressurreição de Jesus. Se for de fato "histórica" (verdadeira) essa ocorrência, porque na realidade, ninguém sabe. E, nunca vai saber! No entanto, é difícil negar sua importância. É verdade, historicamente, que Maria Madalena *foi a primeira a afirmar que Jesus não estava mais morto*, que ele havia voltado dos mortos. No dizer de Bart Ehrman[29] "você pode até argumentar que Maria Madalena deu início ao cristianismo". Sendo verdade ou não a ressurreição foi ela, citada nas fontes evangélicas, que foi citada como a primeira que "viu" Jesus. Ela que deu a "largada" sobre essa ideia.

Esse historiador (Bart Ehrman), em minha opinião, por conta de várias de minhas pesquisas, é o que melhor – didática e historicamente – retrata o episódio da ressurreição. Para que não se fique tão somente no âmbito pessoal, no "ouvir dizer", ele sugere que averiguemos, por nós mesmos, as ocorrências com Maria Madalena, comparando "detalhadamente" os relatos da ressurreição, nos quatro Evangelhos canônicos (Marcos, Mateus, Lucas e João). Façamos uma planilha e coloquemos os quatro evangelistas, lado a lado e pesquisemos. Depois respondamos às perguntas abaixo. Você vai se surpreender com as enormes diferenças, em quase todos os pontos. Vamos aos detalhes?

---

29. ERHMAN, Bart D. Chefe do Departamento de Estudos Religiosos da Universidade de Carolina do Norte, em Chapel Hill, EUA. Documentário do Discovery Channel.

1. Quem foi ao sepultamento de Jesus, no terceiro dia da crucificação?
2. Maria Madalena estava sozinha ou em companhia de outras mulheres?
3. Se havia outras, quantas foram lá e quem eram?
4. A pedra estava diante do túmulo quando elas chegaram ou tinha de ser removida?
5. Quais as mulheres que o viram primeiro?
6. Foi um jovem? Dois rapazes? Um anjo?
7. Quais as ordens que as mulheres receberam?
8. Foram instruções para dizer aos discípulos que fossem à Galileia encontrar-se com Jesus lá, ou ficar em Jerusalém, para encontrá-lo?
9. Como as mulheres reagiram?
10. Elas seguiram as instruções ou nada disseram, por medo?
11. E os discípulos, como reagiram?
12. Acreditaram nas mulheres ou não?
13. Foram ver por si mesmos ou não?
14. Foram para a Galileia ou ficaram em Jerusalém?
15. E as mulheres (ou Maria Madalena mesmo) tiveram uma visão de Jesus ressuscitado?
16. Se tiveram, teria sido Madalena a primeira a vê-lo ou foi outra pessoa?
17. E quando ela o viu?
18. Ela o tocou ou não?

E por aí vai. As respostas a todas as perguntas dependem totalmente da pessoa que lê. Cada qual vai ficar com este ou outro evangelista.

Daí concluir o pesquisador:

> – Insisto nisso porque, quando se trata de Maria Madalena, vemo-nos diante não de indícios esparsos e dispersos, mas também de relatos divergentes. Pouco se diz a respeito dela, e os poucos episódios que a mencionam contêm tantas discrepâncias que é extremamente difícil saber o que aconteceu **se é que aconteceu mesmo o que se narra.** (grifos nossos).

Os Evangelhos, segundo os historiadores, foram escritos, apenas como pequenos "logions" (frases curtas, nuas, sem comentários), a partir dos anos 60, através de histórias contadas na base do "ouvir dizer". Só, posteriormente que eles passaram a ser "narrativos", ou seja, as frases curtas receberam comentários. E o primeiro deles, atribuído a Marcos, teria sido escrito em grego, por volta dos 30/35, após a morte de Jesus, por algum escritor grego para depois, ser atribuído ao apóstolo. Atente para um detalhe importante, os apóstolos não conheciam o grego, aliás, dizem os historiadores que a maioria era analfabeta, e só 10% da população sabiam ler e escrever. Portanto, a maioria da comunicação era via oral. Conheciam tão só o aramaico, que era a língua que Jesus falava. Só efetivamente se fixou com bases canônicas com o Imperador Constantino no século IV.[30]

Em meu livro, *O Evangelho de Tomé – o elo perdido*, no

---
30. ERHMAN BART. *Pedro, Paulo e Maria Madalena*, p. 274.

texto 1, trouxe à colação o que relata o arqueólogo Robert R. Cargill:

> Contamos a história, através de história, e foi assim no início da jornada de Jesus. As pessoas que estavam à volta dele, pobres, os marginalizados, muito provavelmente não sabiam ler e escrever, e então faziam o que os outros faziam: Eles contavam a história. As pessoas devem ter conversado entre si: Você conheceu Jesus? E o que ele disse quando vocês o encontraram? Você estava presente quando ele estava na estrada? Você se lembra da história? O que ouvi foi isso...

Imagine-se escrever apenas por "tradição oral", sem qualquer fonte escrita, apenas na base do "ouvir dizer!" Muitas lendas e histórias que corriam na época no meio das várias tribos foram atribuídas a Jesus.[31]

---

31 Discovery Channell: *Mistérios da Bíblia* - Os Evangelhos perdidos.

7

VÁRIAS "MARIAS" DO NOVO TESTAMENTO

MIRYAM PODE SER CONSIDERADA uma variante de Maria, oriundo do hebraico *Miryam*, que significa "senhora soberana" ou "vidente". Alguns estudiosos ainda atribuem a origem do hebraico *Myriam* à união dos termos egípcios *mry*, que significa "amada" ou "amor". Em hebraico, Miryam era o nome original de Maria, a mãe de Jesus, uma das personagens mais famosas da Bíblia sagrada cristã. Citada diversas vezes no Novo Testamento da Bíblia, esta é considerada uma das santas mais veneradas pelo cristianismo. Este nome, por ter sido muito difundido, antes mesmo da época de Jesus Cristo, é possível também que derive do sânscrito *Maryáh*, que quer dizer literalmente "a pureza", "a virtude", "a virgindade".

Atente que Maria era o nome mais comum no tempo de Jesus, por isso, quando se nomeava alguma Maria, juntava-se alguma designação: "Maria, esposa de", ou "Maria, mãe de", ou "Maria, irmã de". Neste caso, se diz "Madalena", conforme já reportado, porque ela teria nascido num povoado chamado "Magdala" (de Migdal), ou seja, Madalena não era um nome, mas um "apelido" referente ao seu lugar de origem. Então, por falta de um sobrenome, o nome Maria (Miryam) era e, ainda é, até hoje, pelos leitores dos Evangelhos, associada a várias outras mulheres. Daí, então, muitas interpretações são feitas sobre ela: a prostituta, a mulher que cometeu adultério, a que era irmã de Marta e Lázaro, que lavou os pés de Jesus, etc. No entanto, todas essas "qualificações" ficam por conta do "imaginário" popular, pela desinformação sobre ela. Maria Madalena não era nada disso! Além de várias "Marias", há ainda o caso de mulheres anônimas citadas nos Evangelhos que, por falta de identificação, resolve-se atribuir a ela e que, na verdade, não parece ser.

Maria era um nome dos mais populares entre as judias, no século I. O Novo Testamento cita seis, num total de 16 mulheres. Por influência de uma das mais famosas "Marias" – a mãe de Jesus – quantas pessoas, hoje, não colocam nos filhos o nome de Maria, não é verdade? Talvez, você ou membro de sua família tenham também esse nome motivado pela mãe de Jesus. Segundo relatos dos pesquisadores, "uma em cada quatro judias" da Palestina, chamava-se Maria. Daí a enorme confusão com Maria Madalena e outras Marias. Carrega ela, nas costas, todos os estigmas das outras Marias, inclusive das anônimas.

Vamos pesquisar juntos, nos Evangelhos, e identificar cada citação que faz com que os cristãos fiquem confusos quanto a identificação de Maria Madalena.

1. Evangelho de Marcos

[...] Aproximou-se dele **certa mulher** com um frasco de alabastro contendo um perfume muito caro, feito de nardo puro. Ela quebrou o frasco e derramou o perfume sobre a cabeça de Jesus. Enquanto os presentes repreendiam o ato da mulher, diz ele, elogiando: Deixem-na em paz. Por que a estão perturbando? Ela praticou uma boa ação para comigo. (Mc. 14:3-9).

Na história, o texto diz **certa mulher**, sendo, portanto, desconhecida. Muita gente, porém, identifica essa mulher "anônima", como Maria Madalena. Atente que ela nunca foi citada no Evangelho de Marcos, antes da Paixão. É pura fantasia das cabeças humanas!

2. Evangelho de João

[...] Então Maria pegou um frasco de nardo puro, que era um perfume caro, derramou-o sobre os pés de Jesus e os enxugou com os seus cabelos. E a casa encheu-se com a fragrância do perfume. (João 12:3).

Cerca de trinta anos depois, o escritor do Evangelho de João, quando também uma mulher que "unge" Jesus, identifica a mulher, como se fora Maria. Mas não é Maria Madalena, mas Maria da Betânia, irmã de Lázaro e de Marta.

Essa história, embora semelhante, não é a mesma. Na de Marcos ocorreu na casa de Simão, o Fariseu, na Galileia, e na de João, na casa de Maria da Betânia, Marta e Lázaro, na Judeia. No entanto, muita gente pensa ser a mesma mulher, fazendo das duas uma só Maria.

3. O Evangelho de Lucas

> E eis que uma mulher pecadora que havia na cidade, quando soube que ele estava à mesa em casa do fariseu, trouxe um vaso de alabastro com bálsamo; e estando por detrás, aos seus pés, chorando, começou a regar-lhe os pés com lágrimas e os enxugava com os cabelos da sua cabeça; e beijava-lhe os pés e ungia-os com o bálsamo. (Lucas 7:37-38).

A história aqui narrada pelo escritor de Lucas é semelhante, mas não igual. Agora a mulher é citada como "uma pecadora". Já foi esclarecido, mas vale a pena repetir, que pecadora não quer dizer "prostituta", embora assim tenha se entendido. Pecar é "errar o alvo", isto é, quando alguém deixa de cumprir a Lei. Está fora de sintonia vibracional com o Universo. Mas, no final, deixa-se registrado que Jesus foi ungido por uma prostituta e seu nome "Maria". Que confusão danada!

Em outra citação de Lucas é registrado:

> Maria, chamada Madalena, de quem haviam saído sete demônios (Lc. 8:2)

Escrevi em meu livro, *Milagre – fato natural ou sobrenatural*[32]:

> O que significam esses "sete demônios"? Também, neste ponto, se fincou pé para reafirmar que Madalena era uma pecadora. Considerava-se, com efeito, que a "possessão diabólica" era consequência do pecado e, fundamentalmente, do pecado de "sexo". Por isso, se Madalena era uma endemoninhada que Jesus tinha livrado de sete demônios, era porque se tratava de uma prostituta. E não uma prostituta comum. Em primeiro lugar, o número **7** tem profundo significado simbólico na Bíblia. Os números são importantes na cultura judaico-cristã e, poucas vezes, utilizados casualmente: o **3**, o **7** e o **12** são números cabalísticos básicos. Não é casual que a divindade se divida em três, que a Sagrada Família seja composta de três, que o Nazareno fosse crucificado em um grupo de três ou que Jesus ressuscitasse no terceiro dia. Também não é casual que Deus tenha feito o mundo em sete dias, que o número dos pecados capitais se estabelecesse em sete ou que Jesus expulsasse sete demônios de Maria Madalena. Da mesma forma, tampouco se utilizou o número **12**, aleatoriamente: **12** foram as tribos de Israel e **12**, os apóstolos escolhidos por Jesus, entre outros muitos exemplos. As referências numéricas na Bíblia nem sempre devem ser consideradas his-

---

32. BOBERG, José Lázaro. *Milagre – fato natural ou sobrenatural?* pp. 197-198.

tóricas, mas sim, bem vinculadas a recursos simbólicos. No caso dos "demônios" de Madalena, o número representa a importância que os Evangelhos atribuíam a essa mulher. Como Lucas sabia que eram 7? Ele nem conviveu com Jesus! Na verdade, como já informamos, ele colheu a informação em Marcos (Mc 16:9). O **7** tem significado de "completude" de uma etapa.

E ainda, acrescentei: "Por outro lado, no tempo de Jesus, qualquer transtorno de tipo psíquico era confundido com *possessão diabólica*". Estar possuído por um espírito diabólico significava também sofrer de uma enfermidade, não reconhecida fisicamente. Por isso, se é histórica a alusão do Evangelho de que o Mestre arrancou de Madalena sete demônios – e não se trata de uma interpolação posterior, para diminuir a importância da mulher mais amada por Jesus e que despertava ciúmes entre os próprios apóstolos varões –, o máximo que se pode afirmar é que Maria Madalena tinha estado enferma e que Jesus a curou. Nada mais. A cura, conforme já relatado, deveria ser de ordem psicossomática, como teria acontecido com a "sogra de Pedro", pois, como ninguém cura ninguém, toda cura deve ser entendida como "autocura". É Jesus quem assevera: "Foi a tua fé que te curou".

A questão de "sete demônios" e a de ser prostituta é "invenção", redigida pelo escritor do Evangelho de João. À força de lendas, tradições e invencionices, Maria Madalena converteu-se no protótipo de "pecadora" arrependida. Nem sequer entre os cristãos se manteve outra ideia. Mas Maria Madalena, a mulher mais citada nos Evangelhos, não foi uma prostituta nem esteve possuída por demônios impuros.

Afirma ARIAS que:

A imagem que perdurou até o século IV pelo menos, não representa uma prostituta arrependida, mas sim uma pessoa de grande importância simbólica: a primeira anunciadora ao mundo da ressurreição. Se Maria Madalena era, na opinião dos primeiros padres da Igreja, o "apóstolo dos apóstolos", por que se acabou desfigurando sua imagem até fazer-se irreconhecível sua verdadeira identidade? Foi um processo paulatino que se desenvolveu ao longo do tempo: começa quando a Igreja principia a exaltar a castidade e a virgindade acima de todas as virtudes e a elevar os prazeres do sexo que não estivessem dirigidos a pura procriação à categoria de primeiro pecado contra Deus. Em princípio, tratava-se de libertar o clero e os cristãos dos *pecados da carne*[33].

No entanto, posteriormente, principalmente após os Concílios de Niceia, com Constantino, em 325, é apresentada como o testemunham milhares de pinturas sobre ela, como prostituta arrependida que se retirou para o deserto a fim de se penitenciar por seus luxuriosos pe-

---
33. ARIAS Juan. *Madalena – o último tabu do cristianismo*, p. 123.

cados. Assim aparece durante séculos, descrita em infinitos sermões nas igrejas, em exercícios espirituais e em numerosos escritos católicos. "Chegou-se, inclusive, ao absurdo de considerar Madalena como a padroeira das prostitutas[34]".

No *Evangelho de Maria* Madalena, considerado apócrifo pela Igreja, diz-se que Maria Madalena "conheceu o Todo", ou seja, foi uma iniciada nos mistérios de Jesus e uma "inspirada". Ainda, o machismo da cultura judaico-cristã, mesmo entre os discípulos, fazia apartar Madalena, considerada confidente de Jesus. Isto provocava ciúme num colegiado só de homens. E a melhor estratégia era divulgá-la como prostituta de quem Jesus tirou sete demônios.

Há, ainda, outras "histórias" agregadas a ela, como por exemplo, o caso da mulher adúltera, mencionada por João 8:1-11. Eu confesso que sempre adorei esta história. É comovente e serve como "pano de fundo" para se extrair uma emocionante lição moral. Eu continuo usando, apenas como uma "história", no sentido figurado. Deve-se, não obstante, afastar a falsa informação, associando Maria Madalena com a "mulher adúltera".

Na Bíblia ela é anônima. Por que associar essa mulher "anônima" a Maria Madalena? Sabe-se, hoje, pelos pesquisadores de ponta, estudiosos dos manuscritos com objetivo histórico crítico que, apesar do brilhantismo da história, de sua cativante qualidade, Madalena

---
34. Idem, ibidem, capítulo I, p. 15.

não foi essa mulher da "história" do escritor do Evangelho de João.

Ao que tudo indica, ela não é parte original do Evangelho atribuído a João. De fato, não é parte original de nenhum dos Evangelhos, esta história não é de Jesus. Foi acrescentada por copistas posteriores.

Em todo caso, quem quer que tenha escrito o relato, uma coisa é certa, não é de João. A tarefa da crítica textual, realizada pelos pesquisadores, é determinar qual é a forma mais primitiva do texto de todos os manuscritos. Assim, por pesquisas comparativas entre os manuscritos desde as cópias mais antigas às mais novas, essa história só apareceu lá pelo século IV, sendo inserida no Evangelho atribuído a João. É, portanto, despiciendo qualquer vínculo de Maria Madalena com essa narrativa. "Afinal, Madalena surgiu antes da história da mulher flagrada em adultério" [35].

Também é importante citar dois filmes que fizeram a cabeça de muita gente, igualmente trocando as bolas, e colocando Maria Madalena como pecadora (prostituta) na "história" da mulher adúltera. Em *A última tentação de Cristo*, de Scorcese e também no controvertido *Paixão de Cristo*, de Mel Gibson, encenam essa passagem de João, contando como fato histórico (verdadeiro) que Maria foi "salva" por Jesus, quando estava prestes a ser apedrejada, porque a identificam como se fosse essa mulher. Isso

---

35. BOBERG, José Lázaro. *Milagre – fato natural ou sobrenatural?* p. 205.

reforça, falsamente na população a ideia de que Maria Madalena era realmente prostituta.

Neste sentido, Emmanuel, através da mediunidade de Chico Xavier, aborda o assunto, com uma pergunta inteligente: "E o adúltero?[36]" Mesmo sendo uma história, se realmente tivesse acontecido, o texto oferece-nos uma lição moral importante:

> Se a infeliz fora encontrada em pleno delito, onde se recolhera o adúltero que não foi trazido a julgamento pelo cuidado popular? Seria ela a única responsável? Se existia uma chaga no organismo coletivo, requisitando intervenção a fim de ser extirpada, em que furna se ocultava aquele que ajudava a fazê-la?

É aí que surge a célebre frase: "Atire a primeira pedra quem estiver sem pecado". Não se pratica "adultério" sozinho. Onde está o comparsa? Segundo a lei judaica, se houve um adultério, tanto o adúltero quanto a adúltera terão que ser executados, não apenas a mulher. (Lev. 20:10).

Finalmente, veja até aonde chega o imaginário humano: Tentam, ainda, ligar Maria Madalena à mulher samaritana, a quem Jesus pediu água, no Poço de Jacó. "Porque tiveste cinco maridos" Jo 4:18. É fácil atribuir à Maria Madalena a mulher samaritana. Afinal, era uma mulher anônima! É preciso ter costas largas para assumir tudo que se refere às mulheres do Evangelho.

---

36 XAVIER, Francisco Cândido/Emmanuel. *Pão nosso*, texto 85.

8

QUANDO COMEÇOU A CONFUSÃO?

A CONFUSÃO ENTRE MARIA Madalena e as várias "Marias" (Maria, mãe de Jesus, Maria de Betânia, Maria de Cleofas e Maria, mãe de Marcos), além das mulheres "anônimas" dos Evangelhos, não é apenas dos leitores modernos, mas vem de outras fontes mais antigas, onde é atribuída a ela a condição de uma prostituta arrependida, da qual *foram retirados sete demônios*, que ungiu Jesus para o seu sepultamento, após a Paixão. A mesma coisa se diz sobre Maria Madalena em *A lenda dourada*, no século XIII, e, aliás, se disse durante séculos antes disso. A **Lenda dourada** ou **Legenda áurea** é uma coletânea de narrativas hagiográficas[37] reunidas por volta de 1260 d.C., pelo dominicano e futuro bispo de Gênova, Jacopo de Varazze, e que se tornou um sucesso durante a Idade Média. Como essa forma de ver Madalena não aparece

---

37. Consiste na descrição da vida de algum santo, beato e servos de Deus proclamados por algumas igrejas cristãs, sobretudo pela Igreja Católica, pela sua vida e pela prática de virtudes heroicas.

nos Evangelhos em si, de onde foi que ela veio? Descreve que Madalena fora tudo isso, menos a fiel companheira de Jesus, na divulgação da Boa-Nova.[38]

O Evangelho de Lucas, como já vimos, apresenta-nos Maria Madalena como uma seguidora de Jesus, de quem ele teria *expulsado sete demônios*. Fazia parte do grupo de mulheres ricas que, com recursos próprios, proviam as necessidades dele e de seus doze discípulos, e os acompanhavam nas viagens do seu ministério (Lc. 8:1-3). Seguiu Jesus em todo o seu percurso a caminho de Jerusalém e esteve presente nos momentos-chaves que lhe rodearam a morte e a ressurreição. Foi testemunha da crucificação (Mt. 27:56), esteve presente no seu sepultamento (Mt. 27:61) e foi primeira testemunha de sua ressurreição.

Pergunta-se: como ocorreu essa transformação radical de Maria Madalena? De seguidora fiel, que esteve presente nos momentos cruciais da trajetória de Jesus, para pecadora?

Até onde se sabe, uma das primeiras pessoas que relacionaram Maria com a prostituição foi, ninguém menos, que o papa **Gregório Magno**, "O Grande", numa *homilia* (pregação em estilo familiar que busca explicar um tema ou texto evangélico), pronunciada no ano de 591 d.C. (540-604 d.C.). Nela, o papa identifica Maria como a pecadora anônima que unge os pés de Jesus (Lc. 7:36-50). O modo como Lucas descreve a mulher arrependida ("uma mulher da cidade que era pecadora") sugere, provavelmente, que era uma prostituta. Mas por

---

38. EHRMAN, Bart. *Pedro, Paulo e Maria Madalena*, p. 279.

que o papa identificou essa mulher pecadora com Maria Madalena? O que poderia levar um papa, 500 anos depois da morte de Jesus, a transformar Maria, de "santa" em "pecadora"? Primeiro, porque o relato da mulher pecadora em Lucas 7, vem imediatamente antes da passagem em que Maria Madalena aparece com o seu nome, em Lucas 8. Em segundo lugar, porque a cidade natal de Maria Madalena, Migdal, tinha má fama por causa da sua imoralidade e libertinagem.

Essa confusão levou as pessoas a embaraçar as "Marias" e as mulheres anônimas citadas nos Evangelhos, como se fora Maria Madalena. É uma longa queda da posição de destaque que Maria Madalena ocupava nos Evangelhos. Foi só depois que as pessoas disseram: – *Ah! Essa mulher deve ser Maria Madalena*! E aí surgiu esta figura composta, Maria Madalena, a mulher que encontrou a tumba vazia e que também ungiu os pés de Jesus. É uma longa queda da posição de destaque que Maria Madalena ocupava nos Evangelhos.[39]

> O papa Gregório Magno baseou assim, seu manifesto no Evangelho de Lucas que foi escrito, após os Evangelhos de Mateus e o de Marcos. O escritor de Lucas demonstra não gostar de Maria Madalena, quando ele menciona a mulher na cruz; ele sequer diz o nome dela. Ele só diz que havia "uma mulher" na cruz e ele sabia perfeitamente que Marcos (16.1) já havia mencionado o nome da mulher, dando-lhe destaque[40].

---
39. EHRMAN, Bart, Discovery Channel. Documentário.
40. James D. Tabor. Documentário do Discovery Channel.

Por sorte, tem-se salvo o documento. Na sua Trigésima Terceira Homilia, sobre a história da unção de Jesus (Lc. 7), o papa fez, erroneamente, a seguinte declaração:

> Aquela que Lucas chama de pecadora, que João chama de Maria, cremos que seja a Maria da qual se expulsaram sete demônios, de acordo com Marcos. E o que esses sete demônios significam, senão todos os vícios? (...) Fica claro, meus irmãos, que a mulher antes usava o unguento para perfumar a sua própria pele para os atos proibidos. O que ela usava de forma escandalosa, agora oferece a Deus em louvor. Cobiçou com os olhos terrenos, mas agora, pela penitência, esses mesmos olhos se consomem em lágrimas. Arrumava os cabelos para emoldurar o rosto, mas agora seus cabelos secam as suas próprias lágrimas. Antes falava com orgulho, mas agora beija os pés do Senhor, toca com os lábios os pés do Redentor. Para cada prazer, portanto, voltado apenas para si, ela agora se imola. Transforma todos os seus crimes em virtudes, para servir a Deus com tanto espírito de penitência, quanto antes desprezava a Deus.[41]

Embora não existam nos Evangelhos objeções à opinião de que Maria Madalena era uma prostituta,

---

41. Citado por Bart ERHMAN, *Pedro, Paulo e Maria Madalena*, p. 279: Gregório o Grande, Homilia 33, citado do livro de Susam Haskins, Mary Magdalene; Mythand Mataphor (Maria Madalena: mito e metáfora). Nova York, Harcourt Braceand Co., 1993, 96. Para os estudiosos interessados no assunto, o texto original em latim se encontra em JP. Migne, Patrologia Latina, XXXVI, col. 1239.

também não existem provas bíblicas concretas que permitam afirmá-lo. Este pode ser o motivo pelo qual, em 1969, quando a Igreja Católica reviu as leituras da Bíblia empregadas na missa, decidiu não continuar a usar o relato da pecadora arrependida em Lucas 7 como leitura na festa de Santa Maria Madalena. Deixou claramente aberta a questão da identidade da mulher sobre a qual Lucas escreve.

Veja que o papa Gregório "imaginou" – se é que alguém não tenha escrito o documento – pelos relatos evangélicos, que se tratava de Maria Madalena, mas que, na realidade, "pecou" (errou o alvo), pois não era a mesma figura. Depois disso, deflagrou-se nos meios cristãos esse retrato "falso" da maior seguidora de Jesus. É como se jogassem penas concentradas num travesseiro, ao vento. Depois fica difícil de juntar e corrigir o erro, principalmente, por ter sido proferido pela autoridade máxima da Igreja. Seus seguidores da época, poucos eram alfabetizados e aprendiam através da via oral.

De nossa parte, concordamos com a pesquisadora Elaine Pagel[42], quando assinala que:

> O que encontramos nos evangelhos secretos é que Maria Madalena é considerada uma das maiores discípulas e seguidoras de Jesus. Uma pessoa privilegiada que fazia parte de seu círculo pessoal, mas todos os evangelhos do Novo Testamento in-

---
42. PAGEL, Elaine. Ph.D, pela Universidade de Harvard. Documentário do Discovery Channel.

sistem que ela não fazia parte desse círculo íntimo. O círculo era formado por Pedro, Tiago e João. E os Evangelhos que mostram apenas "homens", como pessoas de autoridade nas igrejas, foram os únicos a sobreviver. Acrescente-se ainda, que o Novo Testamento foi escrito por homens, para homens e sobre homens, e traz opiniões sobre as mulheres que são bastante negativas, principalmente, nas Cartas de Paulo, e conforme a Igreja se tornava mais institucionalizada, creio que a escolha dessas estruturas foi apenas reflexo do que havia ao redor.

Faça um teste. Se você entrevistar as pessoas, hoje, na rua e perguntar quem foi Maria Madalena, eu garanto que nove entre dez pessoas vão dizer: Ela não foi a prostituta que Jesus salvou? Então, a reputação dela foi arruinada e isso ocorre até hoje. Gerações de poetas, pintores e até obras mediúnicas, enfatizaram a sexualidade de Maria Madalena. Seu cabelo longo e ruivo, caindo sobre o corpo nu, foi usado como uma metáfora para a tentação e a redenção. Mesmo nas representações da crucificação, as mulheres cobrem a cabeça com lenços e mantos, exceto Maria Madalena. Ela usa o cabelo solto, uma imagem que os estudiosos veem como símbolo de uma mulher pecadora. Fiz a mesma pergunta em algumas de minhas palestras nas casas espíritas, o resultado foi mesmo: "ela foi uma prostituta"; "Jesus tirou dela sete demônios", entre outras interpretações equivocadas.

Minha pesquisa sobre Maria Madalena tem por objetivo "resgatar" sua verdadeira imagem, pouco importando o que os escritores modernos descreveram sobre ela, em filmes, romances, nas lendas medievais, na interpretação errônea de autoridades religiosas, como no caso do papa Gregório. Temos compromisso com a verdade. E por isso, buscamos não só os evangelhos canônicos, mas também os gnósticos, inclusive aquele atribuído a ela.

9

QUE TINHA JESUS DE "ESPECIAL" QUE ATRAÍA AS MULHERES?

O EVANGELHO DE LUCAS diz que Jesus, em seu ministério público, era acompanhado por muitas mulheres:

> [...] que tinham sido curadas de espíritos malignos e de enfermidades: Maria, chamada Madalena, da qual saíram sete demônios; Joana, mulher de Cuza, procurador de Herodes, e Suzana, e muitas outras que o serviam com *seus bens*. (Lc 8:2-3).

Maria Madalena pode ter sido uma das *líderes*, senão a principal, pois ela é sempre citada em primeiro lugar.

Nem todos os judeus, porém, aceitavam Jesus e o seguiam, pois, segundo o próprio texto evangélico, eles não acreditavam nele, como *Messias*; não viam nele o filho de Deus, que tinha como objetivo a *salvação* da Humanidade. E não fez ali muitos "milagres"[43], por causa da incredulidade deles (Mt. 13:58). Aliás, se referiam a ele até com certa desconfiança e, mesmo com desprezo: *"Não é este o filho do carpinteiro? E não se chama sua mãe Maria, e seus irmãos Tiago, José, Simão, e Judas?"* (Mt. 13:55).

No entanto, muitas mulheres que o seguiam deveriam ser "atraídas" por ele, por alguma razão muito forte. Seria por sua beleza física? Cremos que não. *Seria por sua mensagem?* Parece que sim. A figura de Jesus, construída no mundo ocidental através das representações em pinturas e caracterização de personagens em filmes e séries seria bem diferente. É frequentemente apresentado como mais alto do que seus discípulos, magro, com longos cabelos castanhos claros, pele e olhos claros. Seria mesmo assim? Não nos afastemos da ideia de que ele era um judeu.

Recentemente, com enorme divulgação na mídia, cientistas "reconstruíram" sua imagem – uma reconstituição computadorizada da provável aparência de Jesus a partir de seu crânio, selecionado por arqueólogos como representante de um judeu contemporâneo de Jesus – preocupando-se em tentar ser o mais próximo do que seriam os traços de alguém que nasceu em Nazaré e viveu em Israel há 2.000 anos. As imagens reconstruídas por computador retratam um Jesus moreno (nada de olhos azuis). Não é, cremos, a sua performance física que deveria ser a razão de sua atração.

---

43. Sobre o assunto, ler o livro, *Milagre – fato natural ou sobrenatural?*

Cremos que, não só pelo seu *carisma*, eram atraídas também, pela *mensagem* fascinante para as mulheres, por pregar uma forma de vida social diferente da que vigia na sociedade judaica, e, ainda, a *interação pessoal* (atenção especial àqueles que precisavam de um apoio, retribuída com dedicação total à causa). Preconizava Jesus uma sociedade igualitária, sem distinção de sexo, e anunciava que, com a implantação do reino de Deus na Terra, haveria uma substituição das estruturas hierárquicas da época, em que a mulher não seria "apenas" serviçal, sem poder de manifestação. Afinal, assim a mulher judaica do século I era vista. Sua função era dedicar-se aos afazeres domésticos (cozinhar, cuidar dos filhos, limpeza da casa, costurar e consertar roupas). Participar da vida pública, nem pensar! Ao aceitar as mulheres como discípulas, propunha ele, liberdade sem as restrições rigorosas da vigente lei judaica.

Nessa sua mensagem apocalíptica, afirma a maioria dos pesquisadores, de forma convicta, que:

> Jesus proclamou o Reino vindouro de Deus, no qual não haveria mais injustiça, sofrimento ou mal, no qual todos, ricos e pobres, escravos e libertos, homens e mulheres, estariam em pé de igualdade. Essa mensagem de esperança demonstrou-se particularmente atraente para aqueles que, naquele tempo, eram excluídos – o pobre, o doente, o banido e as mulheres[44].

---

44. EHRMAN, Bart. *O que Jesus disse, o que Jesus não disse?* p. 189.

As mulheres sentiam-se, certamente, muito atraídas por essas promessas. Pode ser uma *pista*. Nada sabemos, no entanto. Agora Jesus, ao que parece, como homem do século I, por mais que queiramos interpretá-lo como um homem da atualidade, ele foi mesmo, o reflexo de uma época, com pressupostos e crenças sobre o mundo e as pessoas que nele viviam. Era fiel cumpridor da Lei judaica. "Não penseis que vim revogar a lei ou os profetas; não vim revogar, mas cumprir".[45] Jesus pretendia dar uma nova interpretação à rançosa e fechada cultura judaica. Mas daí vem a pergunta que não se quer calar: Por que ele escolheu somente *homens* e nenhuma *mulher* para o seu ministério? Por que os líderes seriam todos homens? Seria por força da forte tradição e costumes judaicos? Penso que sim, pois não se poderia esperar diferente de um mestre judeu na Palestina, do século I.

Quanto à Maria Madalena – objeto principal de nossos estudos – voltamos a insistir na tecla de que ela devia ser "mulher de posses". O texto de Lucas, já referido acima, informa que ela e outras mulheres "auxiliavam" Jesus e os doze no seu ministério itinerante. Em outras palavras, elas "patrocinavam" com *seus bens* as peregrinações na divulgação da Boa-Nova. *Seus bens*, aqui, devem ser entendidos como *recursos financeiros*, ou mesmo roupas, comidas, pousadas. Assim, o seu ministério era dependente da ajuda de pessoas que tinham dinheiro. Segundo o Evangelho de João (13:29), Judas era quem cuidava da "bolsa" cabendo-lhe a administração do

---
45. Mt. 5:17.

dinheiro recolhido durante as pregações[46]. A ele, certamente, que essas mulheres entregavam as contribuições para o ministério itinerante de Jesus.

Jesus era assim, parece-nos, pouco interessado nas conquistas do mundo. Para atrair mulheres a seu ministério, a ponto de "investirem" recursos e acompanharem-no, é sinal de que transmitia muita esperança e consolo a essas seguidoras.

Fato curioso que, geralmente ninguém comenta, é quanto à ocupação profissional de Jesus. Já pensou, abandonar a profissão e se dedicar a uma pregação apocalíptica em que acreditava? Com esse objetivo, segundo anotações dos Evangelhos, deixou a profissão de carpinteiro/marceneiro – na oficina do pai, José. Nada consta que exercera, depois, qualquer outra profissão. Aliás, os outros *doze* também deixaram seus trabalhos. E tanto é verdade que eles abandonaram suas profissões, que, a certa altura, após Jesus dizer que a salvação para os homens é impossível, mas não para Deus, Pedro, preocupado, questiona: "Eis que deixamos tudo e te seguimos"[47].

É dele – segundo as anotações de Marcos – a afirmação:

> Pois, quem quiser salvar a sua vida a perderá, mas quem perder a vida por minha causa e pelo evangelho, a salvará. Pois, que adianta ao homem ganhar o mundo inteiro e perder a sua alma?[48]

---

46. Para saber mais sobre este apóstolo, ler o livro, *O Evangelho de Judas*, por esta Editora.
47 Mc. 10:28-31.
48 Mc. 8:35-36.

Não buscava, assim, parece-nos, riquezas materiais, mas apenas o cumprimento daquilo em que acreditava. Ele demonstra bem isso, quando afirma, "as raposas têm tocas, os pássaros ninhos, mas o Filho do homem não tem uma pedra para encostar a cabeça."[49] Alguns chegam a afirmar, por conta da vida que levava, que ele e seus seguidores, eram *mendicantes*, no estilo Francisco de Assis. Não sabemos. Como não tinham renda, alguém tinha que promover a mantença do grupo.

É aí que aparecem, como citou Lucas, algumas mulheres ricas que sustentavam Jesus e seus discípulos, com *seus bens*. É curioso pensar que, diante da ortodoxia hebraica, em que a mulher tinha muito pouco espaço e o nível de independência era praticamente nulo, como – pergunta Arias – essas mulheres podiam dispor de seus bens e viver fora de casa, deixar seus maridos e acompanhar o profeta? De Joana de Cusa, sabemos a procedência de seus recursos; ela era casada com Cusa, procurador pessoal do rei Herodes. Será que ele (Cusa) permitiria? Ele sabia disso? Que pensaria ele? Ninguém sabe! Lucas não diz nada com referência a Maria Madalena, sobre seu estado civil. Pertencia a uma família rica, abastada, possuidora de alguns bens e resolveu investir na novel seita? Também recebia recursos do marido? Era empresária rica? Era solteira? Essas perguntas são apenas "divagações"... Nada se sabe. Não se trata de fato histórico. O que se sabe é que ela era uma das financiadoras de Jesus. E sobre Suzana? Também nada se sabe

---

[49] Mt. 8:20.

sobre quem era ela. Apenas o texto do evangelista Lucas a inclui como *uma das* que ajudava Jesus com *seus bens*.

Paulo, segundo a tradição bíblica, era celibatário, e, aconselha seus seguidores na Carta,[50] que:

> [...] as mulheres estejam caladas nas igrejas; porque lhes não é permitido falar; mas estejam submissas como também ordena a lei. E, se querem aprender alguma coisa, perguntem em casa a seus próprios maridos; porque é indecoroso para a mulher o falar na igreja...

Há controvérsias se Paulo pensava assim mesmo, em relação às mulheres. Voltaremos ao assunto, quando discorrermos sobre o Evangelho gnóstico O *Pitis Sophia*.

Concluímos, segundo nossa ótica, que Jesus era um homem diferenciado para o seu tempo e que sua mensagem apocalíptica devia atrair as pessoas que se sentiam marginalizadas. Parece-nos ter sido um líder carismático, a ponto de cativar as pessoas, irresistivelmente, à sua causa. Sua mensagem "apocalíptica", pelo que se deduz, era atraente, consoladora, esperançosa e, principalmente, libertária às mulheres.

---

50 1Co., 14:33-35.

10

SUA MENSAGEM APOCALÍPTICA ATRAÍA OS MARGINALIZADOS

CONCORDAMOS COM O HISTORIADOR Bart Ehrman que Jesus era um profeta *apocalíptico*. Ele é retratado nos primeiros Evangelhos, os sinópticos, como um *apocalipsista*, que antecipou o fim iminente dessa era e a chegada do reino de bondade de Deus. E tem sentido essa afirmação, pois Jesus, antes de pregar "por conta própria", começou seu ministério associado a João Batista. Este profeta era um ardente *pregador apocalíptico*, que vivia propagando que "o fim da era estava próximo" e que as pessoas precisavam se arrepender. E dizia, em sua pregação: "[...] Produzam frutos dignos de arrependimento". "[...] O machado já está posto à raiz das árvores; toda árvore que não dá bom fruto é cortada e lançada ao fogo". [51] Esta mensagem de medo é, sem dúvida, totalmente *apocalíptica*. A qualquer momento, a ira de Deus

---

51. Mt., 7:19-20.

iria se manifestar para os que não produzissem frutos de arrependimento!

Veja que Jesus foi batizado por João Batista, tornando-se seu discípulo e seguidor, segundo consta nos Evangelhos. João Batista é considerado o predecessor ou até o mentor de Jesus, pela proximidade das mensagens de ambos. Devia admirá-lo. É óbvio que a mensagem apocalíptica de que o fim estava próximo, divulgada por João Batista o atraía, senão teria tomado outro rumo. Dispunha de grande quantidade de opções no mundo da diversidade religiosa no judaísmo, no século I – poderia ter-se juntado aos fariseus, por exemplo, ou se mudado para Jerusalém para enfocar a adoração do templo, ou se unido a algum outro líder religioso. No entanto, juntou-se a João Batista que era pregador *apocalíptico*. Deve ter sido porque concordava com a mensagem. Jesus iniciou, neste entendimento, como pregador apocalipsista.

Nessa mesma linha de pensamento de João Batista – seu iniciador –, Jesus pretendia reformar a sociedade ao longo do tempo, mas achava que não haveria muito tempo. "Os tempos estão chegados", dizia ele, ratificando o pensamento de João Batista. O mundo estava cada vez pior. As forças do mal estavam operando com totalidade, tornando a vida insustentável. Todavia, o fim era próximo. As pessoas precisavam aguardar um pouco mais. Deus em breve interviria, quando instalaria o seu reino do bem. Mas quando? "Na verdade lhe digo alguns dos que aqui estão não provarão a morte, sem que veja chegado o reino de Deus com poder"[52]. Ele acreditava mesmo que o fim apocalíptico chegaria em breve, antes que todos os seus discípulos estivessem mortos. Ou, como diz, em outra parte: "Na verdade lhes digo que não passará essa geração antes que todas essas coisas aconteçam"[53]. Uma nova estrutura social seria implantada, onde um novo reino, paradisíaco a nova morada do povo de Deus.

Vale ressaltar aqui que o nosso autor mais antigo, Paulo, estava também imbuído de pensamento apocalíptico. Foram escritas por volta de vinte anos depois da morte de Jesus, e vinte antes dos evangelhos oficiais da Igreja, os canônicos. Em torno, portanto, do ano 50 d.C. Tinha tanta certeza de que o fim estava próximo que achava que estaria vivo quando chegasse o dia do julgamento[54].

Curioso é que este pensamento *apocalíptico*, por conta dessas citações bíblicas, é muito acatado, como verdade, nos meios religiosos cristãos. De vez em quando, deparamo-nos com convites, pela *internet*, de seminários promovidos pelas entidades religiosas – inclusive no movimento espírita – com o título persuasivo: "Os tempos estão chegados". Ora, os tempos sempre estão chegados, pois vivemos num processo evolutivo e sempre haverá mudança, uma vez que, pela lei do progresso, elas são necessárias, senão estacionaríamos. Dizem os religiosos "tudo isso que está acontecendo hoje é bí-

---
52. Mc. 9:1.
53. Mc.13:30.
54 1Ts 4:17; 1Co 15:51-53.

blico", prevendo que, no final dos tempos, teríamos isso ou aquilo. Pura bobagem!

Neste mesmo sentido, assinala o editorial do Jornal *Opinião*, através de seu editor Chefe, Milton Medram Moreira[55]:

> Do Novo ao Velho Testamento, a tradição judaico-cristã sempre, em todos os tempos, esteve às voltas com esse tipo de ameaça psicológica. Não se pode deixar de vislumbrar nisso um método sutil de imposição de um certo temor pedagógico, uma forma mitigada de terror, um bem-intencionado propósito, enfim, de fazer os homens melhores. Mais eficiente que isso, parece-nos hoje, é a adoção de uma pedagogia de conscientização do indivíduo de que a prática do bem, o exercício da solidariedade e o cultivo da paz individual e social são os únicos instrumentos realmente eficientes para tornar o ser humano e a sociedade mais felizes. Os avanços acontecem naturalmente, pela própria "força das coisas", como diria Kardec, e, notadamente, por experiências, mesmo amargas, mas sempre pedagógicas, que forçam o mundo à adoção de padrões sociais mais humanos. Diante da inexorabilidade do progresso social, político e ético da humanidade – aliás, jamais desmentido pela História – não faz sentido a presumível fixação de qualquer "data limite" para eventual passagem do planeta de um para ou-

---
55. Jornal Opinião, Porto Alegre - RS, ano XXII, n.º 237, de jan./fev. de 2016.

tro estágio. Estágios se sucedem infinitamente e, às vezes, imperceptivelmente, em busca da perfeição que mora longe.

Atente-se que não só as mulheres eram atraídas por Jesus, como já reportamos, mas todos aqueles que se situavam na marginalidade. Jesus não pregava nos grandes centros, porém, aos pobres e famintos das periferias. Aliás, sua mensagem agradava aos necessitados de toda ordem. É "a *religião dos famintos,* tendo como sinal primeiro e principal de esperança de mesa farta, o pão, o vinho, a eucaristia (agradecimento) por causa do pão e do vinho que aparecem na mesa" [56]. Evocação de mesa farta repete-se ao longo das narrativas evangélicas. Ainda, neste mesmo sentido, escreve José Comblim[57]: "O evangelho é uma palavra dirigida aos famintos". E, complementa:

> Os camponeses galileus vislumbravam uma situação totalmente nova nas palavras do Evangelho, uma comunhão no pão e no peixe, uma solidariedade entre todos, a circulação dos bens da vida entre todas as pessoas. Que alegria transparece nos textos que tratam dessa comunhão de bens entre todos! Um sonho longamente acalentado: Não haverá pobres entre vocês (Dt. 15:4) está ficando realidade!

Sua mensagem, sendo de força apocalíptica, trazia

---

56. HOORNAERT Eduardo. *Origem do cristianismo*, p. 50.
57. Idem, ibidem, p. 85.

esperança, era atraente aos pobres e marginalizados! Assim, encontramos os rejeitados da sociedade, prostitutas ("elas entram adiante de vós no reino de Deus", Mt. 21:31), coletores de impostos, pecadores de toda ordem, pescadores, analfabetos, sem riqueza e prestígio. Não havia ninguém de liderança na sociedade. Concordo com EHRMAN[58], quando afirma:

> Eram camponeses de baixa classe social, tais como os pescadores, Pedro e André, sem peso na sociedade, sem educação, riqueza e nem prestígio. Será que eram essas pessoas que Jesus achava que seriam líderes no mundo por vir? Será que ele estava falando sério? Se esses homens do povo seriam reis um dia, ora, então qualquer pessoa poderia chegar ao topo. E talvez por isso a mensagem de Jesus fosse tão atraente para os pobres, os espoliados, os rejeitados, os oprimidos – porque era uma promessa apocalíptica de esperança para quem estava sofrendo no presente.

Depois da morte de Jesus, os seguidores eram também *apocalipsista*s. Pensavam que Jesus retornaria dos céus em breve para realizar o julgamento na Terra. O tema principal de sua mensagem era uma proclamação apocalíptica da destruição, que estava a caminho, e da salvação; ele declarou que o Filho do Homem viria nas nuvens do céu, muito em breve, para o julgamento da

---
58. EHRMAN, Bart. *Pedro, Paulo e Maria Madalena*, p. 294.

Terra, e as pessoas precisavam preparar-se para essa ruptura cataclísmica da história, pois um novo reino chegaria e nele os justos seriam vingados e recompensados por permanecer leais a Deus e fazer o que Deus queria que fizessem, mesmo quando isso levasse ao sofrimento. Destaque-se que a mensagem apocalíptica era comum no meio do povo judeu. No cerne de sua proclamação terrena havia uma pregação apocalíptica. Atente-se que muitas religiões pregam, ainda hoje, como ponto nevrálgico de sua doutrina que, literalmente, "Jesus voltará!" Ora, esse negócio que ele virá para o julgamento de seu povo, nada mais é que uma pregação apocalíptica!

Parece-nos, pelo exposto, que essa pregação *apocalíptica* foi a razão principal, na mensagem de Jesus, que mais atraiu pessoas sofredoras, sem perspectiva alguma na estrutura social dominada pelos poderosos e ricos da sociedade judaica. Com a implantação do reino de Deus, seria enviado "um juiz do céu", para o julgamento. Diante de um mundo que se tornara corrupto, aqueles que "aguentassem firmes", diante dos sofrimentos e dificuldades teriam uma compensação. A promessa era, pois, fascinante e promissora para os marginalizados da sociedade judaica. Daí a "sacada" inteligente do Jesus de Lucas[59] "Os últimos serão os primeiros, e os primeiros serão os últimos". Há também a afirmação de Jesus de Mateus[60]: "Com toda a certeza vos afirmo que dificilmente um rico entrará no Reino dos céus". Essas "tiradas" apocalípticas arrebanharam cada vez mais adep-

---
59. Lc. 13:30.
60. Mt. 19:23

tos. Os poderosos seriam derrubados e os humildes, exaltados, fechando, assim, com a célebre frase: "Todo aquele que se exalta será humilhado, e quem se humilha será exaltado"[61]. A esperança de que teriam uma vida melhor, entusiasmava o povo carente.

---

61. Lc. 14:11.

11

MARIA MADALENA NOS EVANGELHOS GNÓSTICOS

SE OS EVANGELHOS CANÔNICOS trazem muito poucas informações sobre Maria Madalena, os gnósticos constituem fontes fartas sobre sua participação na vida de Jesus e seus apóstolos. No entanto, como já informamos se nada podemos garantir quanto à autoria dos evangelhos canônicos (Marcos, Mateus, Lucas e João), igualmente, podemos dizer quanto aos escritores dos *Evangelhos gnósticos*.

A maior parte dos historiadores concorda que nenhum dos escritores dos evangelhos foi testemunha ocular da vida de Jesus. Os Evangelhos, na verdade, faziam parte de uma grande variedade de textos que circulavam nos primeiros séculos depois de Cristo e representavam o que algumas das comunidades cristãs pensavam. Como fatos históricos (verdadeiros) todos **não** são totalmente confiáveis quanto ao que Jesus e Maria Madalena disseram. Acredita-se, na opinião dos pesquisadores, que muita coisa é "imaginação" dos escritores, colocando, em sua boca, argumentos que promovam suas opiniões gnósticas. Não fizeram, assim, o mesmo na construção dos canônicos?

11.1 – No livro *O Diálogo do Salvador*

"*O Diálogo do Salvador* glorifica Madalena, não apenas como visionária, mas como apóstola que supera todos os outros. Ela fala como mulher que compreendera o Todo", assinala Elaine Pagel.[62] Trata-se de um dos Evangelhos apócrifos de textos predominantemente *gnósticos*. O conteúdo geral traz o diálogo de Jesus, Maria Madalena e os outros discípulos, de maneira semelhante ao que encontramos em *O Evangelho de Tomé*.[63] Alguns historiadores dizem até que, provavelmente, ele tivesse sido baseado nesse Evangelho.

Anote-se que, embora o pergaminho encontrado esteja bastante deteriorado, cheio de buracos, sofrido pela corrosão ao longo dos séculos, trazendo dificuldades de leitura em determinados trechos, deixa-nos, no geral, a visão de Jesus a respeito do verdadeiro conhecimento sobre a "salvação". Só a visão dos gnósticos sobre esse tema, segundo entendemos, valeria por toda a obra. Este tema faz a divisão entre "salvação" (aprimoramento) por algo exterior, ou pela própria pessoa, gerando, assim tanta confusão nos meios cristãos. A maioria a coloca nas "mãos de um Deus" utópico "lá

---
62. PAGEL, Elaine. *Os Evangelhos gnósticos*, p. 24.
63. Leia o livro *O Evangelho de Tomé – o elo perdido*.

fora", enquanto os gnósticos trazem-na, para a intimidade de cada um, dizendo que "o reino de Deus está dentro de vós".

A salvação não chega ao homem de fora, mas sim, conquistada por ele próprio, através da iluminação interior. Os gnósticos centravam o foco de sua teologia moral na aprendizagem e no trabalho interior. O puro cumprimento da lei podia acabar em farisaísmo e fanatismo, enquanto a sabedoria interior propiciaria a verdadeira iluminação e, em consequência, o conhecimento da realidade[64].

Assim, enquanto esse Evangelho – bem como toda linha gnóstica – insiste na *responsabilidade pessoal*, os canônicos vão transferindo o processo de formação cristã para devoção dedicada à figura de Jesus. Ele se torna "o salvador que tira os pecados do mundo". Este *cristocentrismo* constitui a marca registrada dos evangelhos canônicos. Aliás, o espiritismo, também perfila no mesmo entendimento gnóstico, ao entender que Deus, sendo "a inteligência suprema e causa primeira de todas as coisas"[65], deixou a cada um o processo de crescimento. Dar pleno desenvolvimento ao seu potencial, buscando a perfeição infinita, cada qual "segundo as suas próprias obras", eis o objetivo da encarnação. [66]

Nos meios religiosos, a ideia que se propaga é que

---

64. ARIAS, Juan, opus cit., p. 115.
65. Questão n.1 de *O Livro dos Espíritos*.
66. Idem, ibidem, questão, 132.

a "salvação" é gratuita, promovida por "alguém" ou "alguma entidade" externa, levando, por consequência, a criatura a "estacionar" o seu livre-arbítrio, entregando-a a terceirizados. Na realidade, o sentido dado pelas igrejas cristãs é de pura "dependência". Ora, *ninguém* salva *ninguém*! Essa ideia do cristianismo de que "Jesus me salvará", para o pensamento gnóstico cristão, essa atitude tira da criatura o que ela tem de mais importante no processo evolutivo, que é sua liberdade de escolha – o livre-arbítrio.

> A ironia é que são exatamente os erros, as decisões ignorantes, os chamados "pecados" que nos levam a estados cada vez mais elevados. E se alguém puder salvá-lo, você nunca precisará assumir responsabilidades, clássica mentalidade de vítima[67].

Nesta linha de entendimento, o caminho da evolução que se tem ensinado, entregando seu crescimento a alguém exteriormente, leva a criatura à dependência religiosa, com "terceirização" de responsabilidade. Enquanto o que ensina a filosofia gnóstica é que "você seja você mesmo". Dá para entender as duas posições? Na primeira, você luta para ser "levado" ao reino de Deus; na segunda, você mesmo é que "o desenvolve dentro de si".

O texto deste Evangelho – *O Diálogo do Salvador* – no entanto, é uma orientação de Jesus sobre a prisão a que o ser se submete, no mundo da matéria. É preciso co-

---

67. KNIGHT, JZ. *Quem somos nós?* p. 202.

nhecer e aplicar esses conhecimentos para aprender o caminho de volta à morada celestial. E isto não se faz por "terceirização". Em certo momento, Jesus instrui os discípulos, incluindo aí, Maria Madalena:

> Vós sois da completude e habitais no lugar onde a deficiência impera. Porém, vede! A Luz d'Ele derramou sobre mim![68]

Entendamos, em outros termos, o que Jesus queria passar aos seus discípulos: Todos nós somos "potencialmente" perfeitos, já que somos detentores da semente divina, em nossa intimidade. A "atualização" do potencial fica "por conta e risco" e no tempo de cada um. Tudo é equilibrado pela lei de causa e efeito – que é uma lei natural – sem a participação de um Deus pessoal. Ele (no sentido figurado) age somente através de leis eternas e imutáveis. Somos perfectíveis! Este é, aliás, o pensamento dos auxiliares de Kardec em *O Livro dos Espíritos*, quando revelam que a vida continua e que somos seres perfectíveis, em constante evolução.

> Somos espíritos perfectíveis, porém ainda imperfeitos, e cometemos erros, pelos quais somos responsáveis de maneira proporcional ao nosso esclarecimento[69].

Os obstáculos são desafios necessários, tais como são os testes aplicados na escola, para se aferir o aprendi-

---
68. Máxima, 55.
69. Questão 637 de *O Livro dos Espíritos*.

zado, pois, à medida da sua "superação", tornamo-nos mais fortes, ampliando o aperfeiçoamento. Ele afirma que a "Luz divina fluía sobre ele", num processo pessoal, sem terceirização, já que lutara para isso: Uma construção pessoal! Nada de "salvação" externa e gratuita. Se alguém fizer por nós, adeus evolução!

No entanto, não era um privilégio seu – "doação divina" –, mas que todos são capazes, porque "o que eu faço, vós também podeis fazer, e muito mais", conforme citação no Evangelho canônico de João[70]. É interessante assinalar que, neste documento, a maioria dos diálogos ocorre entre Judas (não o Iscariotes), Tomé, Mateus e Maria Madalena. Parece-nos, pela participação nos diálogos, que Maria Madalena era mais importante entre os *doze*. Denota ela, maior perspicácia e capacidade de percepção dos ensinamentos do Mestre, sendo, por isso, descrita como uma "*gnóstica* de primeira classe".

Revela-nos esse texto Maria Madalena, citando três máximas encontradas no Novo Testamento, nos lábios do próprio Jesus; isso nos faz supor que elas (máximas) eram comuns entre a população, como provérbios, adágios, ditos populares e que foram inseridas nos Evangelhos como palavras de Jesus. Pode ter origem na *Fonte Q*, uma fonte de adágios nos primórdios do cristianismo, antes dos Evangelhos canônicos. [71]

---

70. Jo. 14:12.
71 A Fonte Q, também conhecida como documento Q ou apenas Q, sendo que a letra "Q" é uma abreviatura da palavra quelle que, em língua alemã, significa "fonte" é uma hipotética fonte usada na redação do Evangelho de Mateus e no Evangelho de Lucas. A fonte "Q" é definida como o material "comum" encontrado em Mateus e Lucas, mas não no Evangelho de Marcos. Este texto antigo supostamente continha a logia ou várias palavras e sermões de Jesus.

Analisemos esses três "ditos", ou "provérbios populares" que teriam sido pronunciados por Maria Madalena, neste Evangelho[72]:

"**A cada dia [basta] o seu fardo**" – Acreditamos que esta máxima seja apenas uma citação comum, sem ser original, ou seja, uma repetição de provérbios da época. Veja que este alerta já fora inserido por Mateus, numa outra frase mais completa: "Não vos inquieteis, pois, pelo dia de amanhã; porque o dia de amanhã cuidará de si mesmo. Basta a cada dia o **seu mal**. A cada dia basta o *seu cuidado*[73]."

"**Quem trabalha merece comer**" – Eis outro dito, cujo objetivo é mostrar a importância do trabalho. Este provérbio, parece-nos, já foi ressaltado por Paulo em uma de suas Cartas, quando aconselha: "Se alguém não quiser trabalhar, também não coma" [74]. Tudo fazendo crer que esta advertência era endereçada a alguns membros da Igreja Tessalônica que, empolgados com a doutrina, deixaram de trabalhar, e estavam a viver na ociosidade, possivelmente, à custa de alguns. Fatos como esses não são meras coincidências nas organizações religiosas de hoje. Aliás, atualmente, religião tornou-se profissão de fé, enriquecendo tanta gente! Daí a recomendação: E se alguém não quiser trabalhar, então que não coma também. O trabalho dignifica o homem.

"**Os discípulos lembram o seu mestre**" – Quando se

---
72. Máximas, 60-64, 68.
73. Mt. 6:34.
74. 2.Tessalonicenses 3:10.

segue a orientação do mestre, é normal que a ação reflita aquele que o ensinou. Isto, obviamente, não exclui que o aprendiz ultrapasse o mestre. No entanto, pelo pensamento gnóstico (*Evangelho de Tomé*), quando o discípulo alcança a iluminação, Jesus não mais serve como mestre espiritual: os dois se tornam iguais – até mesmo idênticos. Daí a expressão: "tudo que eu faço vós também podeis fazer e muito mais"

Nesse Evangelho gnóstico cristão, *O Diálogo com o Salvador*, Maria demonstrava que tudo compreendia. Ora, o objetivo do *gnóstico* era a busca do conhecimento, para assim, cada um salvar (educar) a si mesmo!

Num outro diálogo de Maria Madalena com Jesus, ela disse:

> Desejo entender tudo (exatamente) como é.
> Resposta de Jesus: Quem busca vida, essa é sua riqueza. Pois o [resto do] do mundo é falso, e seu ouro e sua prata, enganosos.[75]

Isso quer dizer que a verdadeira alegria que conduz à vida eterna é a completa compreensão, o domínio do Todo. Este domínio é algo que ocorre, paulatinamente, num processo progressivo, cada um a seu tempo. As coisas materiais deste mundo apenas enganam as pessoas, para que elas se coloquem em posição de superioridade, como se fossem verdade absoluta. Quantas vezes, não somos ludibriados por engodos das aparências exter-

---

75. Máximas 69 e 70.

nas? Quando, no entanto, percebemos, caímos em sofrimento por conta de escolha falsa. Isto, porém, faz parte do jogo da aprendizagem. Errar é lícito, pois é através do erro que, uma vez corrigido, evoluímos.

Vejamos, agora, outras Máximas[76], quando Maria Madalena troca ideias com Jesus:

> Maria: "Dizei-me, Mestre, por que vim a este lugar, para ganhar ou perder?"
> Jesus: "Mostras a grandeza do revelador",
> Maria: "Mestre, então existe algum lugar ermo ou sem verdade"?
> Jesus: "O lugar onde não estou".
> Maria: "Mestre, és impressionante e maravilhoso..."
> Jesus: "Quando deixares para trás o que não pode te acompanhar, então, descansarás".

Na presença de Jesus – que se apresentava como revelador – existe verdade. Só quando deixamos para trás as coisas materiais, podemos encontrar a verdade, por conexão com o Universo, sintonizando com a harmonia, naquela faixa de evolução.

11.2 – No livro *O Pistis Sophia*

Esta é outra obra gnóstica importante. *Pistis Sophia* é uma palavra composta que significa: *Fé* (Pistis) e *Sabedoria* (Sophia). Para os gnósticos, a fé era a decorrência

---

76. Máximas 60, 64 e 68.

natural do conhecimento direto, obtido em profunda meditação, quando, então, a Verdade revela-se-lhes à luz da intuição.

Esta obra gnóstica não foi encontrada junto à Biblioteca de Nag Hammadi, sendo descoberta no século XVIII, fazendo parte de um grande livro, que continha vários tratados gnósticos. Traz, como as demais gnósticas, uma série de *revelações* de Jesus aos seus discípulos, sempre alertando sobre as condições deste mundo, em que a alma está presa, temporariamente. A realidade espiritual constituía no aspecto relevante no modelo da "busca". É o que ressalta da leitura deste texto, *Pistis Sophia*, e os demais de Nag Hammadi.

> Os diálogos ali documentados desenvolvem-se basicamente com o Cristo póstumo, não ressurreto na posse de seu cadáver reanimado pelo milagre, mas o Cristo sobrevivente, na condição espiritual, movimentando-se num corpo sutil estruturado em luz própria, na viva demonstração do que sempre ensinara enquanto acoplado ao corpo físico. A realidade póstuma e, portanto, mediúnica, um intercâmbio entre "vivos" e "mortos", uma continuidade.[77]

A saída dele, ou seja, a volta à vida espiritual, se dá pelo esforço em adquirir conhecimentos, sem a necessidade de "filiação" a qualquer organização religiosa. Não nos afastemos da ideia de que a meta dos gnósticos é

---
77. MIRANDA, Hermínio C. *O Evangelho gnóstico de Tomé*, cap. V, p. 51.

a busca do conhecimento. O ensinamento gnóstico tem como objetivo principal o desenvolvimento da "luz interior", pela identificação da criatura com o seu Criador na intimidade, pois, defendem eles o reino de Deus na própria criatura. Esse potencial divino é ponto magnético para o qual buscamos convergir. É neste mesmo sentido que assinala o espírito Paulo em *O Livro dos Espíritos*[78]: "Gravitar para a unidade divina, tal é o objetivo da Humanidade".

Nos diálogos travados com o Mestre, quem mais se sobressai e mais faz perguntas é Maria Madalena. Isto não significa que ela soubesse menos do que os outros discípulos, muito pelo contrário, era ela que se destacava por possuir maior agudeza de percepção e maior evolução espiritual. Era como dizem os gnósticos uma ávida "buscadora".

Arrolemos agora "alguns" ensinamentos de Jesus (em espírito), relativos a Maria Madalena, neste livro:

1.º ENSINO:

> Bendita sejas tu, Maria: Tu que eu completarei com todos os mistérios do alto [ou seja, ele a aperfeiçoará com conhecimento]; fala abertamente, pois é alguém cujo coração está voltado para o reino dos céus mais do que qualquer outro de seus irmãos. (Máxima 17)

O Jesus do autor de *Pistis Sophia* dá atenção especial

---

[78] KARDEC, Allan. *O Livro dos Espíritos*, questão 1009.

nos diálogos, em primeiro lugar, diante dos outros discípulos, a Maria Madalena, considerada a mais "espiritual". Nesta ótica, os historiadores veem nela a líder do grupo, a que havia de desenvolver o reino de Deus, entendido como algo pessoal e intransferível *mais do que qualquer outro de seus irmãos.*

2.º ENSINO:

> Tu és abençoada mais do que todas as mulheres na Terra, porque serás a plenitude de todas as plenitudes e a perfeição de todas as perfeições. (Máxima 19).

Esses elogios de Jesus para Maria Madalena causaram ciumeira no grupo, em especial a Pedro, que não gostou nada da conversa, achando que ele não dava espaço a eles, monopolizando a maioria das perguntas. Diante disso, segundo o escritor de *Pistis Sophia*, Pedro disse a Jesus:

3.º ENSINO:

> Meu Senhor, nós não podemos aguentar esta mulher, pois ela tira a nossa oportunidade e não deixa nenhum de nós falar, tendo falado várias vezes.

Jesus responde:

> Aquele em quem o poder de seu espírito tiver aflorado, para que compreenda o que digo, adiante-se e fale. Mas, agora, Pedro, vejo que o poder em

ti compreende a interpretação do mistério do arrependimento que *Pistis Sophia* pronunciou. Portanto, dize agora, Pedro, o pensamento do arrependimento dela no meio de teus irmãos. (Máxima 36)

Maria Madalena recebeu o impacto da fala de Pedro e interpretou como um "ataque machista". Diz ela:

4.º ENSINO:

Meu Mestre, entendo que posso me manifestar a qualquer hora para interpretar o que *Pistis Sophia* [o Ser divino que concede a sabedoria] diz, mas tenho medo de Pedro, porque ele me ameaça e detesta o nosso gênero. (Máxima 72)

Diz ela, ainda, que podia a qualquer momento, disponibilizar suas faculdades para interpretar o que *Pistis Sophia* (O Ser divino que concede sabedoria) estava dizendo, mas encontrava bloqueios pelo medo que Pedro impunha, ameaçando-a, porque ele detestava esse gênero.

Decodificamos a fala de Maria Madalena, como a de alguém que já alcançara um elevado grau evolutivo e que, com facilidade, podia, a "qualquer hora", conectar-se com o Ser divino. Entendemos que, sendo ela dotada de excelentes faculdades mediúnicas, estava sempre em "estado de prontidão" para o contato (sintonia) com o mundo espiritual. Encontrava, no entanto, "bloqueio emocional", pelo medo imposto por Pedro através de suas emanações negativas. Pelo que se pode extrair da "essência" do texto, era ela dotada de mediunidade pura, que facilitava harmonia com o mundo espiritual, ou com espíritos luminares, sempre quando entrava em sintonia vibracional. Não é o que ocorre, nas casas espíritas, com os médiuns mais espiritualizados, em relação à sintonia com os espíritos?

Quando ela reclama que Pedro desprezava o "gênero", está se referindo a sua condição de mulher. Pedro despreza o gênero feminino. Aliás, como já nos reportamos alhures, a condição da mulher na sociedade judaica, por questão cultural, era de subalternidade. Ora, para o Universo, o verdadeiro conhecimento envolve a compreensão espiritual, pouco importando com questão de gênero e suas aparências externas. Temos médiuns excelentes, de ambos os gêneros. Frise-se, para melhor entendimento, que o espírito não tem sexo. Os interlocutores de Kardec ensinam que o homem e a mulher são iguais perante a Lei de Deus, e é concedido a ambos a inteligência do bem e do mal e a faculdade de progredir[79].

5.º ENSINO:

Assim, diz Jesus a Maria Madalena:

> Qualquer pessoa que esteja cheia do "espírito de luz", dê um passo à frente para interpretar o que digo: ninguém poderá se opor a ela.

---
79. KARDEC, Allan. *O Livro dos Espíritos*, questão 817.

O ensino deixa claro que, quando a pessoa está com o "espírito de luz", (preparado espiritualmente para a sintonia com a espiritualidade), ninguém pode se opor a ela. Isto é conquista pessoal, independente do sexo. E Maria era essa figura extraordinária, que, na versão de Jesus gnóstico, era cheia desse "espírito de luz".

Kardec comenta o assunto, dizendo:

> Os Espíritos encarnam-se homens ou mulheres, porque não têm sexo. Como devem progredir em tudo, cada sexo, como cada posição social, oferece-lhes provas e deveres especiais, e novas ocasiões de adquirir experiências. Aquele que fosse sempre homem, só saberia o que sabem os homens.[80]

Que lucidez do codificador, não é mesmo?

Jesus recomenda a Maria Madalena, uma vez que ela percebia, com nitidez, a verdade sobre a salvação:

6.º ENSINO:

> Quando Maria terminou de dizer tais coisas, o Salvador ficou maravilhado diante das respostas que ela deu, pois ela havia se tornado "espírito puro" por completo. Jesus respondeu dizendo: "Muito bem, Maria, mulher puramente espiritual".

---

80. Kardec, Allan. *O Livro dos Espíritos*, Questões 200 a 202..

Os evangelhos canônicos nada falam sobre essa condição espiritual superior de Maria Madalena, taxando-a, tão só, pejorativamente, como "a pecadora da qual Jesus expelira sete demônios". Neste texto transmitido por Jesus, a imagem dela é outra, a de *espírito puro*, superior a todos os demais apóstolos, sem qualquer ideia seletiva de gênero. Fica clara aqui a mensagem de Jesus: a mulher – e não somente o homem – pode transcender sua natureza física e tornar-se "espírito puro", porque a essência não tem sexo, como se manifesta nas formas externas. A implantação do reino de Deus não depende do gênero, mas da "transformação" moral do espírito.

É nessa linha de entendimento que Kardec, em se referindo à evolução do espírito, profere a lapidar frase: "Reconhece-se o verdadeiro espírita pela sua transformação moral, e pelos esforços que faz para domar as suas más inclinações". [81] Em outros livros meus, tenho preferido trocar a expressão *verdadeiro espírita*, por *verdadeiro homem de bem*, porque esta afirmação, embora válida para os espíritas, tem caráter universal, sem ser privilégio apenas do espírita. Pense nisso!

Acrescente-se, ainda, o conceito da doutrina dos espíritos, sobre os espíritos *puros*, na escala elaborada por Kardec. São *puros* aqueles que não sofrem mais nenhuma influência da matéria. Superioridade intelectual e moral absoluta, em relação aos espíritos das outras ordens[82]. Mais ainda:

---
81. Kardec, Allan. *O Evangelho segundo o Espiritismo*, cap. XVII, item 4.
82. Idem, *O Livro dos Espíritos*, questão 100.

Percorreram todos os graus da escala e se despojaram de todas as impurezas da matéria. Havendo atingido a soma de perfeições de que é suscetível a criatura, não têm mais provas nem expiações a sofrer. Não estando mais sujeitos à reencarnação em corpos perecíveis, vivem a vida eterna, que desfrutam no seio de Deus. Gozam de uma felicidade inalterável, porque não estão sujeitos nem às necessidades nem às vicissitudes da vida material, mas essa felicidade não é a de uma ociosidade monótona, vivida em contemplação perpétua. São os mensageiros e os ministros de Deus, cujas ordens executam, para a manutenção da harmonia universal. Dirigem-se a todos os espíritos que lhes são inferiores, ajudam-nos a se aperfeiçoarem e determinam as suas missões. Assistir os homens nas suas angústias, incitá-los ao bem ou à expiação das faltas que os distanciam da felicidade suprema é para eles uma ocupação agradável. São, às vezes, designados pelos nomes de anjos, arcanjos ou serafins. Os homens podem comunicar-se com eles, mas bem presunçoso seria o que pretendesse tê-los constantemente às suas ordens.

Tem havido muita discussão, por quem interpreta literalmente, texto bíblico, como "palavra de Deus". Os textos sacros de todas as religiões, embora contrariem muita gente, são "construções humanas", manifestadas em determinada época, de acordo com a cultura, com os padrões morais, com os costumes sociais e lendas. Ademais, muitos textos sofreram cortes, adições, de conformidade com o interesse da Igreja. Comentemos, a título de exemplo, apenas o caso já citado em nossos escritos, a famosa manifestação de Paulo sobre a participação das mulheres nas igrejas. E aqui trazemos a informação assinada pelo pesquisador BART EHRMAN:

> Como vimos antes, embora o apóstolo Paulo permitisse às mulheres ter participação ativa nas cerimônias religiosas de sua igreja, um escriba modificou sua primeira Epístola aos Coríntios, dizendo às mulheres que elas precisam "permanecer caladas". Também um autor posterior, forjando uma carta em nome de Paulo, exigiu que as mulheres "ficassem caladas". (1Tm. 2:12).

Agora veja, Paulo não excluía as mulheres na participação da Igreja. Nos Atos de São Paulo, ele incube Tecla – sua apóstola – a ir proclamar a palavra. O Jesus gnóstico do Evangelho de *Pistis Sophia* tece elogios a Maria Madalena por ter alcançado o conhecimento completo da verdade que liberta. Dá para perceber como é fácil mudar o rumo de um entendimento, simplesmente por alterações no texto? Depois é só insistir que é "Palavra de Deus!" Vai que cola! Já reportamos a condição do povo judeu, quanto ao domínio da língua. Segundo estatísticas, a população que sabia ler e escrever girava em torno de 10%. O grupo que seguia Jesus estava nesta condição de analfabetos.

11.3 – No livro *O Evangelho de Tomé*

Eis um livro *gnóstico* fascinante que tem levado vários escritores a escrever grossos volumes sobre ele. Sem qualquer pretensão em igualar-me aos grandes pesquisadores e escritores de renome, eu, também, pela curiosidade e fascínio que o tema me despertou, ousei escrever sobre ele, o livro *O Evangelho de Tomé – o elo perdido*.[83] Dos livros banidos pela Igreja, aquele que a maioria dos estudiosos considera mais próximo aos verdadeiros ensinamentos de Jesus e da Igreja primitiva é *O Evangelho de Tomé*. Ele faz parte dos evangelhos de primeira geração, ao lado do *Evangelho "Q"*, de 30 a 60 anos, depois da morte de Jesus. Este Evangelho permaneceu enterrado, sendo descoberto junto a outros documentos gnósticos, na famosa biblioteca enterrada, em Nag Hammadi, somente em 1945, no Egito.

Quem lê este livro percebe a outra face dos primórdios do cristianismo e o impacto causado por ele no contexto doutrinário ortodoxo. Proporciona ao estudioso uma *reavaliação* do cristianismo que chegou até nós. Talvez seja – ao lado de outros gnósticos – uma das mais importantes descobertas arqueológicas do século XX. Ele contém apenas 114 *logions* (máximas), sem relatar histórias de milagres, não tem parábolas, não descreve a última semana de Jesus, suas últimas horas, sua morte nem a ressurreição. Ele é anterior aos Evangelhos de 2.ª geração (60 a 90 a.C., aproximadamente) chamados de

---

83. BOBERG, José Lázaro. *O Evangelho de Tomé – o elo perdido*.

"canônicos", atribuídos a Marcos, Mateus, Lucas e João. Ele não sofreu alteração pela tesoura da Igreja. Dos livros banidos, é aquele que a maioria dos estudiosos considera o mais próximo dos verdadeiros ensinamentos de Jesus e da Igreja primitiva. Dá o que pensar!

Para os pesquisadores de renome internacional, Bart EHRMAN, Elaine PAGEL, entre outros, os canônicos foram construídos ao longo do tempo, principalmente, a partir do Concílio de Niceia, em 325, sob a égide do Imperador Constantino. *O Evangelho de Tomé* é apenas uma lista de "máximas" "frases nuas" que "teriam" sido pronunciadas por Jesus, algumas semelhantes às que constam nos canônicos, mas, contém, também, outras máximas inéditas que não constam no Novo Testamento; estas, em especial, despertaram a curiosidade entre os estudiosos do cristianismo primitivo. Ele diferencia, portanto, dos canônicos, já que estes últimos são narrativos, enquanto o de Tomé tem apenas frases, discurso, *logions*.

Não vamos nos prender a esses detalhes e outras curiosidades nobres deste fascinante Evangelho, mesmo porque não é objeto deste livro. Aqui, nos deteremos, apenas, nas máximas que se referem à Maria Madalena. Mas, se você gosta do assunto, não deixe de ler os comentários que expendemos sobre outros *logions* (máximas) em *O Evangelho de Tomé – o elo perdido*. Eles são fundamentais para se compararem as ideias cristãs gnósticas com aquelas inseridas pela Igreja, nos evangelhos canônicos (Marcos, Mateus, Lucas e João). Os textos canônicos foram considerados pela Igreja, como os únicos "verdadeiros", tachando os dos gnósticos, como "falsos", razão pela qual foram chamados de "Evangelhos apócrifos".

Ela (Maria) aparece apenas duas vezes neste Evangelho de Tomé:

1.º MOMENTO (na máxima 21)

Maria pergunta a Jesus:

Como são os teus discípulos?

A uma pergunta inocente, uma resposta longa de Jesus:

Parecem-se com garotos que vivem num campo que não lhes pertence. Quando aparecem os donos do campo, dirão estes: Deixai-nos o nosso campo. E eles desnudam-se diante deles e lhes deixam o campo.

Por isto vos digo eu: Se o dono da casa sabe quando vem o ladrão, vigia antes da sua chegada e não o deixará penetrar na casa do seu reino para lhe roubar os haveres. Vós, porém, vigiai em face do mundo; cingi os vossos quadris com força para que os ladrões não encontrem caminho até vós. E possuireis o tesouro que desejais. Sede como um homem de experiência, que conhece o tempo da colheita, e, de foice na mão, ceifará o trigo. Quem tem ouvidos para ouvir, ouça.

2.º MOMENTO (máxima 114)

Uma afirmação polêmica de Pedro sobre Maria e, em seguida, a resposta estranha do Mestre. Simão Pedro disse:

> Seja Maria afastada de nós, porque as mulheres não são dignas da vida.

Respondeu Jesus:

> Eis que eu a atrairei, para que ela se torne homem, de modo que também ela venha a ser um espírito vivente, semelhante a vós homens. Porque toda a mulher que se fizer homem entrará no reino dos céus.

Esta é uma afirmação de Pedro que tem gerado muita polêmica entre os estudiosos dos primórdios do cristianismo. Atente que a antipatia dele para com Maria, já fora abordada no texto de *Pistis Sophia*. Antes, no texto canônico, quando Madalena e outras mulheres encontraram o túmulo vazio e que Jesus tinha "ressuscitado", foram contar aos discípulos, eles não acreditaram, porque "essas palavras pareceram desvario" (Lc. 24:11). Ela, em todas as tradições, quer nos canônicos, quer nos gnósticos, não era respeitada por Pedro, por conta de seu gênero (feminino), como se abordou no *Pistis Sophia*.

Aqui, no entanto, a investida de Pedro contra Maria é muito forte. Ele fala mal de Maria, mas essa antipatia é extensiva a todas as mulheres, dizendo que elas "não são dignas de vida eterna". Dá para entender, sob a ótica atual, tamanho absurdo? É óbvio que não. Para entendermos o pensamento dele sobre a relação entre o homem e a mulher, é imprescindível reviver a tradição e o costume do clima psicológico cultural judaico-romano, da época.

Se é motivo de espanto a colocação de Pedro "as mulheres não são dignas da vida", também, não menos curiosa, a resposta de Jesus de que ele "masculinizará" Maria, para que ela venha a ser um espírito vivente, semelhante aos homens, e, desse modo, possa entrar no reino de Deus. Que confusão, que ideia mais esdrúxula? Por que as mulheres teriam de virar homens, senão não teriam condições de entrar no reino de Deus? Mas é o entendimento da época.

Só entenderemos por que Pedro pensava assim, se incursionarmos no tempo, buscando na cultura do momento o porquê de seu pronunciamento, e o que as pessoas pensavam, sobre a relação entre homens e mulheres. Vários autores antigos esclarecem o assunto, inclusive filósofos, estudiosos de religião, cientistas naturais e médicos – aliás, até ginecologista da época. Quando se lê o que esses autores dizem sobre gêneros, fica bem claro que não achavam o mesmo que nós, hoje, achamos a respeito.

> Muitos antigos sustentavam que as mulheres eram homens que nunca haviam evoluído. Seu pênis não cresceu (a vagina era um pênis invertido que jamais emergiu); seus músculos não se desen-

volveram inteiramente; seus pulmões não tinham amadurecido; suas vozes não engrossaram; seus pelos faciais não cresceram. As mulheres eram homens que não atingiram a perfeição.[84]

Para eles, macho e fêmea não eram dois tipos diferentes de seres humanos. Assim, hoje, sabemos que mulher e homem são duas variedades distintas da mesma coisa. Para cultura da época, como vimos, as mulheres, eram, na verdade, "homens imperfeitos". No mundo greco-romano, o domínio masculino constituía-se num ideal firmemente sustentado e raramente questionado. Era comum que os homens deviam afirmar seu poder sobre as mulheres, que eram tidas como sexo frágil.

Fica assim justificada a manifestação de Pedro, sem contestação, na época, quando diz: "Seja Maria afastada de nós, porque as mulheres não são dignas da vida". Pedro despreza Madalena, conforme tradição dos homens na Antiguidade, pela lógica de ela pertencer ao sexo frágil, de ser um homem incompleto.

11.4 – No livro *O Evangelho de Filipe*

O Evangelho de Filipe é um dos "apócrifos" encontrados na biblioteca de Nag Hammadi, descoberto em 1945; traz, tal como *O Evangelho de Tomé*, somente ditos, frases nuas (máximas), ou seja, uma coleção de sentenças

---

84. EHRMAN, Bart D. *Pedro, Paulo e Maria Madalena*, p. 310.

de profunda sabedoria, imputadas a Jesus. Ratificamos que todos os Evangelhos – canônicos e gnósticos – eram apenas "atribuídos" aos seus autores. Ninguém sabe, na realidade, quem os redigiu. Esse *Evangelho de Filipe* teria sido escrito entre os anos 180 e 350 da nossa era, por algum de seus seguidores. Informa o historiador Burton L. Mack que:

> [...] todos os escritos cristãos primitivos podem ser vistos como compêndio da história social de um grupo. Cada texto, então pode ser estudado como expressão do pensamento e do discurso particulares de um determinado grupo existente naquele tempo.[85]

Este Evangelho, mais do que qualquer outro, se tornou conhecido pela ênfase que dá ao "relacionamento" de Jesus e Maria Madalena. Nele, ela é apresentada como sua "companheira". Vejamos, primeiro, o que o escritor do Evangelho de João (19:25), diz:

> Junto à cruz de Jesus estava a sua mãe, a irmã dele, e Maria, mulher de Clopas, e **Maria Madalena**.

Até aí, nada demais. Madalena é citada como uma das mulheres que assistiram à crucificação. O escritor de Filipe resolve "acrescentar" apenas uma palavra, ao lado de seu nome, "companheira" (*koinónos*). E assim está assinalado em seu Evangelho:

---

85. MACK, Burton L. *O Evangelho perdido – O livro de Q e as origens cristãs*.

E havia três que andavam com o Senhor: Maria, sua mãe, e sua irmã, e Madalena, aquela que era chamada sua **companheira**. Sua irmã, sua mãe e sua **companheira** eram, cada uma, Maria.

Quando é adicionado esse termo "companheira", começam-se, então, as "ilações" sobre ela, passando, a partir daí, a ser mencionada como "esposa de Jesus". Obviamente, não estou aqui dizendo que sim ou que não, a sua condição de esposa de Jesus; apenas mencionando este fato constante das anotações desse Evangelho. Afirma a historiadora Elaine PAGEL[86]:

> A grande *tradição cristã* afirma que Jesus era celibatário. A sugestão desses outros Evangelhos que ele teve uma parceira, uma amante, era – até onde sei – feita de uma forma simbólica. É possível que ele fosse casado, mas nós não sabemos.

Informa o pesquisador EHRMAN[87] que *O Evangelho de Filipe* foi escrito na língua egípcia antiga, chamada *copta*. A palavra, na verdade, é um empréstimo do grego antigo e não é essa a palavra – *koinónos* – que designa esposa. Normalmente significa "colega" ou "amiga". "Assim, esse trecho do Evangelho de Filipe apenas nos diz que Maria era 'amiga' de Jesus – a mesma informação que podemos deduzir nos Evangelhos canônicos". Afinal, conforme já reportamos, ela e outras mulheres

---
86. PAGELS, Elaine. In Discovery Channel
87. EHRMAN, Bart D. *Pedro, Paulo e Maria Madalena*, p. 314.

ricas ajudavam Jesus com "seus bens", na realização de seu ministério.

Outra citação, neste Evangelho, que parece demonstrar alguma prova da intimidade de Jesus com Maria e que "teriam" mantido relações íntimas está descrito em outro trecho, muito fragmentado e as "suposições" foram colocadas entre colchetes. Nele, a irritação dos outros discípulos com o amor e afeição que Jesus tinha por Maria Madalena é evidente:

> E a companheira do [Salvador era Mar]ia Ma[da]. [Cristo amou] Maria [mais do que [todos] os disc[ípulos, e costumava] beijá-la [frequentemente] na [boca]. Os demais [discípulos se ofendiam com isso e expressaram seu descontentamento]. Eles disseram "Por que você a ama mais do que a nós?". O Salvador respondeu-lhes, "Por que eu não vos amo como a amo?

O que estaria no "buraco" do original do documento, bem deteriorado? Só podemos extrair "suposições". Que ele amava Maria Madalena mais que os outros discípulos, tudo bem. O autor do Evangelho pelo menos destaca que Maria era muito próxima de Jesus. Agora, concluir que eles tinham intimidade de cunho sexual fica por conta da "imaginação" de cada um. Mas, que costumava beijá-la, fica uma incógnita? Onde? Na boca, na face, na mão ou outra parte do corpo? Isto ninguém, possivelmente vai saber, como "fato histórico" (verdadeiro).

Assinale-se, a título de informação, que, no ritual

cristão primitivo, era utilizado o beijo como símbolo da paz. Hoje, em muitas Igrejas cristãs utilizam-se entre os irmãos o beijo casto na face, o cumprimento como aperto de mão, sem que isto tenha qualquer sentido sexual. Assim:

> [...] quando se afirma que "Jesus costumava beijar Maria na [ ]", simplesmente, por esse ato, não se pode concluir que era um prelúdio do sexo. É uma afirmação simbólica de que ela recebeu a revelação da verdade que ele passou aos discípulos. De acordo com *o Evangelho de Filipe*, ela entendeu essa verdade ainda melhor que os outros. Se essa noção era disseminada em todos os círculos gnósticos cristãos, não admira que Pedro e os outros sentissem ciúmes dela. Ela havia usurpado seu lugar como aquela que era mais próxima de Jesus, não sexualmente, mas espiritualmente [88].

Você poderia perguntar sobre Maria Madalena e Jesus, nos escritos do escritor Dan Brown, em seu livro *O Código da Vinci* – depois transformado em filme. Um *best seller* mundial que descreveu o "suposto" romance de Jesus e Maria Madalena. Teriam se casado e, após a morte dele, Maria foge para a França, grávida de seu filho. Esse filho viria ser o ancestral da dinastia merovíngia, cuja linhagem foi preservada até hoje. Alguém pode pensar que Dan Brown tinha uma "carta na mão", ou

---

88. Idem, ibidem, p. 315.

seja, uma fonte que ninguém sabia. Na realidade, trata-se de ficção, não de fato histórico. Sua fonte principal é a mesma: *O Evangelho de Filipe*. O que se sabe sobre o relacionamento de Jesus e Maria Madalena é o que citamos neste evangelho. Tudo o mais são elucubrações!

12

POR QUE SÓ QUATRO EVANGELHOS?

NO SÉCULO II O crescente movimento de seguidores de Jesus está sob ataque cada vez mais intenso de Roma. Os cristãos são rotineiramente presos, mortos e até jogados aos leões, como diversão do Coliseu. Informa a pesquisadora Elaine PAGEL[89] que as pessoas eram presas, acossadas, perseguidas, torturadas, mortas, porque eram cristãs. Então, o bispo Irineu, da Gália, tentou unificar as crenças com os primeiros grupos cristãos e unir as suas forças. O bispo Irineu disse:

> – Olha, vamos pegar o que é mais básico na fé cristã, o que todos acreditam, denominador comum, e vamos nos unir.

Mas Irineu inventou o conceito de "censura cristã". Ele disse:

---
89. Documentário do Discovery Channel.

> – Há coisas que ninguém deve ver, ninguém deve conhecer.

E ele cuidou para que a Igreja tivesse o monopólio da divulgação da verdade. Então, ele disse que:

> – Alguns evangelhos possuem ensinamentos secretos. Não queremos isso. Só vamos falar do ensinamento público de Jesus.

Ao atacar os gnósticos, Irineu estabeleceu quais os evangelhos que seriam ensinados, isto é, quais ele considerava os mais adequados para apresentar os ensinamentos de Jesus. Por volta do ano 180/185, ele insistiu que havia *quatro* e, apenas *quatro* evangelhos. Não pode haver mais de *quatro* e nem menos de *quatro*, tem que ser esses *quatro*; a lógica dele, segundo Bart EHRMAN, não faz muito sentido para os leitores modernos. Irineu disse que devia haver quatro evangelhos, porque a palavra de Cristo foi espalhada pelos quatro cantos do mundo, pelos quatro ventos dos céus, então serão quatro evangelhos!

E assim ficaram, pela ordem cronológica de surgimento, Marcos, Mateus, Lucas e João. São os chamados Evangelhos de 2.ª geração, escritos dos 60 aos 90 anos, aproximadamente.

> O que prova a validade dos quatro evangelhos, diz Irineu, é que foram, na verdade, escritos pelos próprios discípulos de Jesus e seus seguidores, que

testemunharam pessoalmente os eventos que escreveram. Alguns estudiosos contemporâneos da Bíblia questionam esse ponto de vista: poucos hoje acreditam que os contemporâneos de Jesus escreveram de fato os Evangelhos do Novo Testamento. Embora Irineu, para defender sua legitimidade exclusiva, insista em que foram escritos pelos próprios seguidores de Jesus, não sabemos quase nada sobre quem escreveu os Evangelhos intitulados Marcos, Mateus, Lucas e João. Sabemos, apenas, que esses escritos foram apenas "atribuídos" aos apóstolos (Mateus e João) e aos seguidores dos apóstolos (Marcos e Lucas).[90]

Alguns estudiosos afirmam que os "autores de fato", dos Evangelhos não conheceram Jesus. A maior parte dos historiadores concorda que nenhum dos evangelistas foi testemunha ocular da vida de Jesus. Os Evangelhos, na verdade, faziam parte de uma grande variedade de textos que circulavam nos primeiros séculos depois de Cristo e representavam o que algumas das comunidades cristãs pensavam. Depois da seleção dos quatros canônicos, os Evangelhos que foram deixados de lado pela tradição católica se tornaram conhecidos como "apócrifos". Os textos têm autoria anônima, e os pesquisadores possuem poucas informações sobre sua exata origem geográfica. O que se sabe é que eles foram escritos a partir de relatos, memórias, tradições e textos

---

90. PAGEL. Elaine. *Os Evangelhos gnósticos*, p. 18.

mais antigos que circulavam entre as primeiras comunidades cristãs.

Eles teriam sido escritos a partir dos anos 60 e só no século II é que seus autores foram atribuídos – o primeiro Evangelho a Marcos, e o último a João. Com o passar dos séculos – e com a ortodoxia cristã tendo relações cada vez mais próximas ao Império Romano – surgiu a preocupação de delimitar exatamente quais os textos que guardavam a memória verdadeira sobre Jesus. Por volta do século IV, depois de sérias disputas teológicas, a Igreja finalmente escolheu quais haviam sido "inspirados" por Deus – criando o cânone do Novo Testamento. Decidiu-se assim quais textos seria destruídos e quais preservados, e quais tradições cristãs seriam perseguidas e quais aceitas pela Igreja.[91]

O cânone do Novo Testamento toma sua forma final, em meados do século IV – ano 313 – quando o Imperador Constantino, repentinamente, se converte ao cristianismo, tornando-se, assim, a religião dominante do Império Romano. Sendo assim, as principais posições no cristianismo eram ocupadas por homens como acontecia no Império como um todo. E essa hierarquia dominada pelos homens, torna-se a Igreja oficial de Roma. *Os Evangelhos gnósticos* se-

---

[91]. André Chevitarese, professor do Instituto de História da UFRJ e autor dos livros *Jesus histórico – Uma brevíssima introdução* e *cristianismos: Questões e debates metodológicos"* (Editora Kline), em entrevista ao site da VEJA.

cretos são enterrados no deserto e seus seguidores são considerados heréticos. Quanto à Maria Madalena a ordem veio de cima, transformando a *santa* em *pecadora*.[92]

Nos mil e quinhentos anos seguintes, Marcos, Mateus, Lucas e João têm a palavra definitiva sobre o Cristo. Assim, ao se considerar que somente os Quatro Evangelhos foram "inspirados" por Deus, segundo contesta o historiador Juan ARIAS[93], "começou-se, então, a condenar os escritos restantes apesar de, até ali, serem utilizados na Igreja. A tendência predominante exigiu que os outros escritos fossem destruídos, ao mesmo tempo em que começou a perseguição daqueles que não aceitavam a doutrina oficial que ia se impondo. Tacharam de "hereges" os dissidentes e suas teorias foram consideradas "heresias". Alguns dirigentes críticos foram assassinados. E, como se sabe, séculos mais tarde, a Igreja católica, executaria centenas de hereges através do "Tribunal do Santo Ofício Inquisição".

Os Evangelhos gnósticos e sua visão radical de Maria Madalena e os ensinamentos de Jesus são "literalmente" enterrados. E, quando essas ideias voltam à tona, elas são rebatidas com agressividade. Conforme já reportamos no texto 2, desta obra, a Igreja católica, para defender sua doutrina, ordenou uma "Cruzada" contra os próprios cristãos gnósticos – os cátaros, no sécu-

---

92. BORG, Marcus, PH.D. Eméritus professor of Religious Studios. Oregon State University. Documentário do Discovery Channel.
93. ARIAS, Juan. *Madalena, o último tabu do cristianismo*, p. 57.

lo II. Era uma licença para estuprar, pilhar, saquear. *O Evangelho de Tomé*, o *Evangelho de Maria*, o *Evangelho de Filipe*, você não encontrará nenhum desses escritos no Novo Testamento. Esses Evangelhos gnósticos, alguns escritos no século I, apresentam uma visão de Jesus e Maria Madalena, drasticamente diferente da visão da Igreja tradicional.

13

AFINAL, MARIA MADALENA FOI OU NÃO, ESPOSA DE JESUS?

PELO QUE JÁ FOI dito, ao analisar *O Evangelho gnóstico de Filipe*, parece que há uma tendência, de se responder "*sim*" à pergunta acima. Para os cátaros, Maria Madalena tinha sido esposa de Jesus, sem qualquer dúvida. Para a Igreja, nem pensar! Alega Fr. John Wauck [94] "que a Igreja existe há muito tempo e parece que muitas ideias, teorias, especulações, vêm e vão, mas a teoria de que Jesus era casado não possui nenhuma base sólida".

Para o historiador James D. Tabor[95], a Igreja não aceita que Jesus tenha sido casado e tenha tido filhos. Dogmaticamente, isto é uma "heresia". Embora nenhum dos quatro Evangelhos tenha firmado que Jesus era casado, eles indicam que Maria Madalena tinha uma relação

---

94. Fr. John Wauck Pontifical University of The Holy Cross – Roma. Documentary do Discovery Channel
95. James D. Tabor Ph.D.. chair, Department of Religious Studies University of North Caroline, Charlotte, in Discovery Channel.

"especial" com Jesus. O seu papel no cristianismo começa pelo evangelho de Marcos, quando ela aparece na crucificação.

Não obstante, esse tema "fervilha" na cabeça das pessoas, tendo em conta de ter sido Maria Madalena a mulher mais conhecida entre as seguidoras de Jesus. As especulações se escancaram. Tanto é verdade que, diante de várias mulheres anônimas, quando são citadas nos Evangelhos, vem alguém e diz: "Ah!, deve ser Maria Madalena!" O curioso é que nas milhares de páginas escritas pelos primeiros cristãos, não aparece uma só referência que afirme que Maria Madalena era casada com Jesus. Você pode vasculhar os Evangelhos canônicos, as Cartas de Paulo, *Os Evangelhos gnósticos* e nada. Todas as provas apontam em outra direção: na de que Jesus nunca se casou. Então, essa história de Madalena ser casada com Jesus, só pode caminhar pelo terreno das hipóteses, ou seja, são apenas especulações, porque é imprescindível afirmar que jamais se poderá conhecer inteiramente os vínculos que uniram esses dois personagens.

O que se deduz, principalmente pelos relatos dos *Evangelhos gnósticos*, é que Madalena era a única que entendia o ensinamento de Jesus. Os discípulos, como já nos referimos alhures, eram formados de um punhado de pescadores que – com certeza – mal sabiam ler e escrever, e cujas noções sobre os textos da Bíblia provavelmente fossem escassas e errôneas, não o entendiam. Veja que até Pedro, que era considerado o líder do apostolado, se queixa de que Jesus tivesse confiado a Maria Madalena segredos de sua doutrina que a eles havia ocultado; talvez, pelo que se tem informações, nos gnósticos, eles não a pudessem entender. Esses detalhes sobre Madalena ser "a preferida" de Jesus, "aquela que ele mais amou", foram abordados anteriormente[96] e serão complementados na 2.ª parte deste livro, com a interpretação de *O Evangelho de Maria* – a Madalena.

O celibato não estava condenado na antiga cultura judaica. Estar casado – ter filhos – era o caminho normal para a maioria dos homens judeus, como, aliás, o é para toda a Humanidade. Mas o celibato, em determinadas circunstâncias, era olhado com enorme respeito. Alguns dos homens mais venerados da história judaica não se casaram. Por exemplo, na Bíblia, Deus "disse" ao profeta Jeremias que renunciasse ao matrimônio, e ninguém o acusou de ser um "mau judeu" por isso; pelo contrário, gozou de grande estima como um dos maiores profetas do povo judeu[97]. Entenda, no entanto, que a expressão, "Deus disse", tem apenas um sentido "figurado", porque, na realidade, Deus não disse nada. A Bíblia é uma construção humana.

Nos tempos de Jesus, um grupo de judeus conhecidos como *essênios* considerava o celibato como um ideal para os seus membros, e muitos deles viviam numa espécie de comunidade monástica perto do Mar Morto; não eram criticados pelo seu celibato, mas extraordinariamente respeitados pelas suas práticas piedosas.

---

96. Ver texto 11, deste livro: *Maria Madalena nos Evangelhos gnósticos,* onde foram estudados os livros: *Diálogo do Salvador, Pistis Sophia, O Evangelho de Tomé* e *O Evangelho de Filipe.*
97. Jer. 16, 1-2.

Segundo as evidências bíblicas, João Batista viveu só, como fez Paulo, que defendia o celibato como um ideal religioso para os que quisessem fazer essa opção[98]. Portanto, se o celibato não era comum no judaísmo do século I, também não era insólito nem considerado desprezível, ilegal ou condenado.

Para "apimentar" um pouco mais o assunto, vale acrescentar que Jesus, como já foi dito alhures, associou-se a João Batista, no começo de seu ministério. A maioria dos estudiosos acha que Jesus começou como discípulo ou seguidor de João – que era celibatário – antes de começar o seu próprio ministério público. João Batista era um ardente pregador *apocalíptico* que proclamava que o "fim do mundo viria em breve" e que as pessoas precisavam se arrepender. Se Jesus, no início de seu trabalho de pregador, seguia João Batista, era porque era atraído pela mensagem e pelo modo de vida deste. Supõe-se que deve ter seguido seus rastros apocalípticos e celibatários.

Quero, no entanto, deixar clara a minha opinião, sobre esta questão do estado civil de Jesus, porque entendo que nada de anormal teria, se Jesus fosse casado. Que importa isso, em relação aos valores espirituais? É uma decisão totalmente pessoal. A união entre dois seres que se amam faz parte da lei natural.[99]

> Quem pensa que castidade é condição para a pureza de coração, está totalmente enganado, pois,

---
98. 1 Cor 7.
99. Leia nosso livro *Da moral social às Leis Morais,* capítulos 3 e 6.

os que agem assim, estão contrariando as Leis do Universo.

Enclausurar-se, afastando-se do mundo, é caminhar na contramão do Universo. A reprodução é uma lei natural imprescindível para a evolução. Sem ela o mundo corporal pereceria, pois, em tudo há o germe da multiplicidade, desde os seres ínfimos da criação até os seres humanos. É através dela que ocorre a perpetuação das espécies. Do ponto de vista biológico, o objetivo da reprodução é procriação de novas formas, e, do ponto de vista espiritual, é mecanismo de evolução moral, viabilizando, através da reencarnação, o progresso do espírito. Emmanuel, nesta ótica, assinala que:

> O homem e a mulher surgem no mundo com tarefas específicas que se integram, contudo, num trabalho essencialmente uno, dentro do plano da evolução universal[100] [...]

Nesta linha de raciocínio, veja o que diz o ex-padre Marcelo da Luz[101], que enfrentou na pele, a obrigatoriedade de ser celibatário por força da religião:

> A prática celibatária é *antifisiológica*, pois, a satisfação do desejo sexual é função tão vital ao organismo quanto os atos básicos de comer, beber e dor-

---

100. XAVIER, Francisco Cândido/Emmanuel. *Pão nosso*, lição 85.
101. Marcelo da Luz, ex. padre católico contando experiências da vida religiosa em seu livro *Onde a religião termina?* p. 201.

mir. Se um organismo deixa de alimentar-se, ingerir água ou dormir estará aos poucos se extinguindo; ao suprimir a função sexual, o indivíduo assume desnecessariamente a entrada numa espiral de conflitos íntimos e crônica defasagem energética. Conclui-se, pois, que a ideia de autoimolação por meio da supressão do prazer sexual com a finalidade de melhor prestar assistência aos outros é irracional e injustificável.

Em se referindo à matéria, Kardec questionou os espíritos se, uma vez sendo voluntário, o celibato é meritório aos olhos de Deus? Ao que, seus interlocutores afirmaram "tratar-se de egoísmo", pois a lei de reprodução é uma lei natural. Imaginemos, numa ação surreal, que todos se mantivessem castos, o que seria da população? Não havendo procriação, os espíritos não teriam mecanismos de evolução e o mundo estacionaria. No entanto:

> [...] se o celibato, por si mesmo, não é meritório, não ocorre o mesmo quando é pela renúncia às alegrias da família, um sacrifício decidido em favor da Humanidade. Todo sacrifício pessoal para o bem e sem o disfarce do egoísmo eleva o homem acima de sua condição.

Para melhor elucidação, apresentamos, sinteticamente, as fontes em que Maria Madalena aparece:

13.1 – No romance
O Código da Vinci de Dan Brown

Muita gente pode ter ficado interessada por Maria Madalena, por conta do romance *O Código da Vinci*, de Dan Brown. O livro é instigante. Nele, Maria Madalena aparece como esposa de Jesus. Quais são as provas? Nenhuma. Neste livro, diz, Amy Welborn:

> [...] o autor, pescando nas águas efervescentes da cultura *pop* e em textos pseudo-históricos dos últimos quinze anos ou um pouco mais, apresenta uma Maria Madalena completamente diferente da mulher que encontramos nos Evangelhos e no credo cristão tradicional – um tipo de teorização que não é levado a sério por nenhum estudioso, seja secular ou hostil ao cristianismo tradicional[102].

Os dados constantes no livro não são fatos históricos. O *best-seller* de Brown populariza uma visão histórica e espiritual equivocada de Maria Madalena. A vida e os feitos de Maria Madalena foram explorados e distorcidos, e sua importância histórica marginalizada por mentiras. Muitas das afirmações de caráter histórico contidas nele são simplesmente incorretas.

Nessa mesma linha crítica, assinala também o historiador Bart EHRMAN, no capítulo 13, terceira parte do livro *Pedro, Paulo e Maria Madalena* que:

---
102. WELBORN, Amy. *Decodificando Maria Madalena – A verdade, lendas e as mentiras*. (orelha do livro)

[...] quando Brown cita os Pergaminhos do Mar Morto, fala de Jesus e Maria Madalena, como se esses manuscritos referissem a eles. Esses pergaminhos só continham os documentos do Velho Testamento. Neles não foi encontrado nenhum dos Evangelhos. Uma informação falsa, portanto. Os escritores consideram ridículas essas informações. O escritor fala que o casamento de Maria Madalena está registrado nos outros Evangelhos (gnósticos), não incluídos nos canônicos (Evangelhos oficiais da Igreja). Isto não é verdade. São informações igualmente, falsas.

Atente-se que *O Evangelho de Filipe*, que tem sido a grande fonte de pesquisa sobre o "possível" relacionamento de Jesus e Maria Madalena, não diz nada sobre se eles eram casados. O texto de Filipe registra que ela era *companheira* de Jesus. Sobre este assunto já expendi, alhures, comentários. Assim, *O Código da Vinci* coloca "insinuações" e não "retrata" fato histórico. O que consta no romance é puro "exercício literário de ficção".

Afirma-se que Jesus devia ser casado, porque "os judeus do século I eram sempre casados". O pesquisador Juan Arias, em seu livro, *Madalena – o último tabu do cristianismo*, também defende esse ponto de vista, afirmando que, de acordo com tradições judaicas da época, era *impossível* um rabino como Jesus não ser casado. No século I, quando Jesus viveu, o casamento era praticamente obrigatório entre os judeus. Não tem lógica essa afirmação, porque muitos judeus do século I, entre os mais famosos, estão Paulo e João Batista, eram solteiros e celibatários.

13.2 – O *Evangelho gnóstico* de Filipe

Já comentado no capítulo anterior[103], este Evangelho é apontado como a principal fonte utilizada pelos escritores para dizer que ela era esposa de Jesus. Neste consta que Jesus "a amava mais que os outros discípulos" e, frequentemente, costumava beijá-la. Era, porém, até o ponto que entendemos, um amor diferente, por conta da superioridade espiritual de Maria Madalena em comparação aos outros discípulos. Ela surpreendia Jesus. Alguns escritores dizem que, na realidade, ela era o "discípulo amado", e não João, como comumente se refere o quarto Evangelho. *Os Evangelhos gnósticos* deram outro entendimento ao relacionamento de Jesus com Maria Madalena. Ela era aquela "que atingira o Todo"; "alguém, cujo coração estava voltado para o reino dos céus mais do que qualquer outro de seus irmãos"; "que havia se tornado "espírito puro" por completo"; que era, de acordo com atribuição de Jesus, "a mulher puramente espiritual".

É necessário, pois, interpretar por outra ótica, o relacionamento dela com Jesus. Nada contra se, eventualmente, ela fosse casada com Jesus. Acontece, no entanto, que, historicamente, até aqui, nada se pode comprovar, a não ser que se descubram novamente, no deserto, ou-

---

103. Jesus e Maria Madalena em *Os Evangelhos gnósticos*

tros documentos. Tudo pode acontecer. Temos apenas hipóteses, sem qualquer comprovação. É preciso, pois, entender a filosofia gnóstica para se chegar à conclusão sobre a ideia de Deus e o "relacionamento' que teria acontecido entre Jesus e Maria Madalena. É por isso que aconselho que o leitor releia o capítulo inicial deste livro, onde é abordado o início do cristianismo e, também, o capítulo 4.º, da primeira parte do livro, *O Evangelho de Judas*, onde está relacionado um resumo básico das ideias do gnosticismo.

Algo interessante para analisar-se é que os cristãos gnósticos, para descrever o perfeito alinhamento da alma com Deus, utilizavam do simbolismo *sexual*, algo que também os teólogos modernos estão analisando há anos; alguns deles chegaram a considerar que a única forma de "experiência" com a divindade é através da comparação com o *orgasmo sexual*. O ápice da sublimidade da sexualidade entre as almas que se amam se dá pelo orgasmo sexual. Ocorre quando o prazer chega a um momento de intensidade máxima. Essa experiência seria comparada à experiência que se tem com Deus. É um ato de profundo êxtase e alegria. Assinala Juan ARIAS:

> Não é em vão que os grandes místicos do cristianismo, desde João da Cruz e Tereza d'Ávila ou Catarina de Siena, serviram-se também da linguagem amorosa e sexual para tentar descrever suas experiências religiosas mais íntimas e sublimes.

13.3 – O Evangelho de Maria Madalena

Neste, é relatado que "ele a amou mais que os outros discípulos". Não se refere que ele a amou de forma diferente; logo se pensa que, talvez, fosse como "amante". Ele a tem como uma das mais importantes do grupo. Nada fala sobre o seu casamento com ele. Nele encontramos Jesus, dizendo: *"Tu és abençoada mais do que todas as mulheres na Terra, porque serás a plenitude de todas as plenitudes e a perfeição de todas as perfeições."* (Máxima 19). Detalhes mais aprofundados sobre este Evangelho estão expostos na 2ª parte deste livro.

13.4 – O Evangelho de João

Ela não é mencionada, aqui, durante a vida de Jesus. Só a cita no episódio da Ressurreição, após encontrar o túmulo vazio (João, 20:10-17). Como esse Evangelho foi escrito lá pelo final do século primeiro ou no início do segundo (90 a 110), ele diverge muito dos anteriores (Marcos, Mateus e Lucas), razão pela qual os três primeiros são chamados *sinóticos*, que se podem abarcar num só olhar (ópticos) de conjunto (*sin*). Os quatro evangelhos, porém, são denominados pela Igreja de canônicos (regra, exemplar perfeito). O cânone do Novo Testamento é constituído de 27 obras (Livros históricos, Epístolas Paulinas, Epístolas Universais e o Livro do apocalipse).

Neste e nos anteriores, não encontramos nada que "insinuasse" que Maria era esposa de Jesus. Curioso é que o escritor do Evangelho de João coloca Maria Madalena como a única mulher para quem Jesus aparece. Exclui as demais mulheres, já citadas nos outros canônicos. Os historiadores afirmam que este Evangelho foi muito influenciado pela doutrina *gnóstica* e, inclusive, pela própria Madalena. Há quem pense que a exclusão de outras mulheres tem o objetivo de tirar a importância desta. No entanto, ao citar apenas Maria Madalena, demonstra a estima, como a grande confidente do profeta e, "talvez", sua própria esposa. Afirma, ainda, que este Evangelho seria da própria Madalena, pois, sem testemunha alguma da história da ressurreição, só ela mesma poderia ter contado ao escritor do Evangelho de João o que ocorreu na visão da ressurreição.

13.5 – *O Evangelho de Lucas*

Neste, Maria Madalena nos é apresentada como uma "seguidora" de Jesus, após ter sido libertada por ele de sete demônios (Lucas 8:2). Fazia parte do grupo de mulheres que, com recursos próprios, proviam as necessidades do Mestre e dos discípulos, e os acompanhavam nas viagens do ministério (Lc. 8: 1-3). Seguiu Jesus em todo o percurso a caminho de Jerusalém e esteve presente nos momentos-chave que lhe rodearam a morte e ressurreição. Foi testemunha da crucificação do Cristo no Calvário, presenciou o seu sepultamento, sendo a primeira testemunha da ressurreição. Diferentemente do escritor do Evangelho de João, neste, Maria Madalena não está só, quando "vê" (seria apenas uma visão?) Jesus ressurgido dos mortos, mas em "companhia de outras mulheres". No entanto, não há nenhuma evidência que apoie a crença de que Jesus e Maria Madalena se casaram. Aqui, nem mesmo se sugere nas "entrelinhas" tal ideia.

13.6 – O Evangelho de Marcos

Este evangelho é considerado o mais antigo e a fonte primeira para os outros canônicos. Maria só aparece no final. Ela e outras vão ao sepulcro e o encontram. *Então elas saíram e fugiram do túmulo, apavoradas e tremendo. E não contaram nada a ninguém porque estavam com muito medo.* (Mc. 16:8). Também, neste primeiro Evangelho, diferentemente do de João, ela estava acompanhada de Salomé e Maria, a mãe de Tiago. Nenhuma pista neste documento, que é considerado o mais antigo, sobre a possível condição de Maria como esposa de Jesus.

13.7 – Os manuscritos do Mar Morto

Segundo anotações do historiador oficial do Império romano, Flávio Josefo, eles foram escritos pelos essênios, que se constituíam num grupo de homens solteiros e celibatários. Há hipóteses, sem qualquer comprovação, de que Jesus teria passado muitos anos entre eles, quando lhes adotara o estilo de vida. Há um silêncio sepulcral no período dos 13 aos 30 anos da vida de Jesus. Os Evangelhos nada falam. Dizem apenas que "o menino crescia, e se fortalecia em espírito, cheio de sabedoria;

e a graça de Deus estava sobre ele" (Lc. 2:40). Por conta disso, muitos escritores questionam sobre o paradeiro de Jesus durante todo esse espaço de tempo. Tudo indica que Jesus não pôde permanecer oculto até os 30 anos, quando começa sua atividade profética, naquela aldeia insignificante. Segundo os peritos bíblicos, ele "pode ter viajado para diferentes lugares durante sua juventude. Os Evangelhos ignoram por completo esse período na vida do profeta"[104].

Outros afirmam que, na verdade, ele era essênio. É importante, ainda, acrescentar que eles também pregavam ideias "apocalípticas".

Enquanto eles (os essênios) se preparavam para o cataclismo do fim do tempo, procuravam preservar a pureza ritual, afastados da presença e da influência das mulheres. Ora, Jesus não acatava a ideia de isolamento como condição de pureza espiritual. Conforme narram os Evangelhos, ele vivia no meio do povo, principalmente entre os pecadores ("Os são não precisam de médicos e sim os doentes", Mc. 2-4). Era, porém, "apocalíptico", como eles. Os essênios vieram antes de Jesus e de Paulo. É possível que Jesus tenha sido celibatário, como diz a tradição. É nesta mesma linha de pensamento que a historiadora Elaine PAGELS[105] assinala que "A grande tradição cristã afirma que Jesus era celibatário". Complementa, dizendo:

---

104. ARIAS, Juan, op. cit., p. 92. Há uma obra que escreve sobre *Jesus dos 13 aos 30 anos* de Francisco Klors Werneck,
105. PAGELS. Elaine. Discovery Channel. Documentário.

A sugestão desses outros Evangelhos de que ele teve uma parceira, uma amante, era – até onde sei – feita de uma forma simbólica. É até possível que ele fosse casado, mas nós não sabemos[106].

13.8 – O APÓSTOLO PAULO

Permaneceu celibatário. Como "não havia mais tempo" para nada, eles deviam permanecer no estado civil que se encontravam. Ele também cultivava ideias apocalípticas de que, brevemente, haveria uma transformação no mundo, aceitando que "os tempos são chegados". Foi ele o primeiro escritor de Jesus, antes mesmo de os evangelhos canônicos. Embora celibatário, orienta aos que não pudessem permanecer celibatários que casassem, porque é melhor "casar do que abrasar-se". (1Co. 7:8-9).

13.9 – JESUS PREGAVA A VIDA CELIBATÁRIA

O escritor de Marcos diz que Jesus ensinou que no reino de Deus não haveria de "casar-se ou dar-se em casamento" (Mc. 12:25). No mundo para onde seríamos levados por Deus, as pessoas viveriam como "anjos", ou seja, uma existência sem uniões e sem sexo. Instruiu seus seguidores a começar a programar os ideais do

---

106. A Revista Superinteressante, edição 358, março de 2016, traz um excelente artigo, Será normal não gostar de sexo? O texto aborda que se alguém não quer se relacionar sexualmente e se sente bem com essa situação, isso não é tido como doença ou distúrbio, informando que 1% da população não pensa em sexo nem sente atração sexual, segundo estudos nos EUA (1948) e Inglaterra (2004)

reino no momento presente. Então, conclui-se que ele pregava a vida celibatária. Ao que parece, era nisso que ele acreditava. Como ele era um pregador apocalipsista, afirmando que "o fim do mundo estava próximo", tal como João Batista pregara, dá-nos entender que se devia renunciar ao sexo e ao casamento, desde já, aqui e agora, como será no reino futuro, a não ser que a pessoa já se tenha casado. Diz Bart EHRMAN, uma das maiores autoridades em Bíblia do mundo, que "com base nisso posso afirmar, como historiador, que Jesus era solteiro e celibatário"[107].

13.10 – Provas de que ele não era casado

Se ele fosse casado, por que os evangelistas nada disseram? Por que a maioria deles nem menciona Maria Madalena no ministério de Jesus? Por que quem menciona é Lucas e, ainda, ao lado de outras mulheres? Por que citou só Joana, na condição de casada? Por que só aludiu a seus pais, mães e irmãos, omitindo o nome de sua esposa? E se fosse Maria Madalena a esposa, por que deixaria de citá-la? (Lucas 18:28-29). Há ainda outra controversa citação:

> Se alguém deseja seguir-me e ama a seu pai, sua mãe, sua esposa, seus filhos, seus irmãos e irmãs, e até mesmo a sua própria vida mais do que a mim, não pode ser meu discípulo. (Lc 14:26).

---

[107]. As informações de 13.3 a 13.10 são do historiador EHRMAN, Bart. *Pedro, Paulo e Maria Madalena*, p.364.

Nos dias atuais, se algum líder religioso dissesse isso, certamente teria problemas com a Justiça, em razão do abandono de lar, dos filhos, etc.

13.11 – Ficção ou verdade?

Pelo que se tem de informações, tudo que se fala sobre o relacionamento de Jesus com Maria Madalena é apenas uma "ficção". A ficção parece ser mais atraente do que a história verdadeira.

14

PARA ONDE FOI MARIA MADALENA APÓS A RESSURREIÇÃO DE JESUS?

SEGUNDO O NOVO TESTAMENTO, Maria Madalena testemunhou a ressurreição de Cristo, em seguida ela desaparece e nunca mais é citada na Bíblia. Daí para frente, várias hipóteses são levantadas sobre ela, inclusive registros, através de comunicação mediúnica. Não há, porém, assentamento algum, sobre para onde Maria foi depois da morte de Jesus. A Igreja não está muito interessada, creio, em descobrir o paradeiro dela. O que temos são "lendas" para preencher a lacuna final de sua vida.

1. *Igreja ortodoxa grega* – Segundo esta igreja, Maria Madalena agora, considerada santa, viajou para Éfeso, na atual Turquia, após a morte de Jesus, junto a Maria, mãe de Jesus, vindo a falecer lá. Na realidade, nada sabemos. Segundo as fontes mais antigas que temos, ela simplesmente desapareceu.
2. *Idade Média* – Há uma história surgida na Idade Média,

segundo a qual Maria Madalena teria fugido da perseguição de Roma, num bote, indo parar no que viria a ser "Lar dos cátaros", no sul da França. Esta referência sobre sua vinda para o sul da França vem do século X.

3. **Thomas Michelet** informa que Maria Madalena chegou a um lugar chamado Saint Marie de La Mer, ou Santa Maria do Mar, depois veio para Marselha, onde ficou anos pregando o Evangelho e, por fim, veio para cá (Saint Marie de La Mer) onde ficou o resto da vida. Isto dá uns 30 anos. Quando as pessoas vêm aqui orar, elas são tocadas pela graça. Tem gente que chora, sem saber por quê. Elas "sentem" a presença de Maria Madalena. Será fruto de sugestão, ou realmente, da presença do espírito Maria Madalena?

4. **Saint Bonner** – Aqui, segundo contam, ela vivia sozinha numa caverna, chorando a morte de Jesus. Tal tradição é tão forte que alguns acreditam que o corpo sepultado ali, pertence a ela.

5. **James D. Tabor** – Não se sabe se podemos dar muito crédito às lendas que a colocam na França ou na Europa. Não podemos provar que ela não foi para a França, mas o túmulo de Maria Madalena, na França, se ele fosse examinado, se eles conseguissem fazer uma datação, se ficasse provado que há resquícios históricos antigos, então seria outra história. [108]

6. **Na tradição católica**, Maria Madalena morreu em Éfeso, onde residia com Maria, a mãe de Jesus, e João, o "suposto" autor do quarto Evangelho. Esta tradição é,

---

108. PHD, Chair, Departament of Religious Suties University Of North Caroline, Charllote. Documentário do Discovery Channel

no entanto, disputada pela lenda do século VI, mencionada por Gregório de Tours, o qual afirma que um documento ainda mais antigo fornece a história de que Maria Madalena viajou para Aix-en-Provence, em França, no grupo de São Maximiano. É Verdade que na França é venerada pelos católicos, como em nenhum outro lugar. Tal veneração inspirou a fundação da Abadia beneditina de Vézelay os santuários de Aix e de Saint-Maxime, na Provença e ainda "La Madeleine" em Paris.

7. *Os segredos de Berger Saunier* – A 320 km do vilarejo Saint-Paul do chamado Rennes Le Chateau – France, um pároco do século XIX pode ter descoberto um mistério ainda maior relacionado a Maria Madalena. Um centro de mistério e intrigas há 40 ou 50 anos. E aqui, através de um simbolismo bastante estranho, encontramos explicações para os mistérios. Uma cidade de apenas 100 moradores, Rennes Le Chateau, recebe milhares de visitantes por ano. Eles são atraídos por causa dos mistérios que cercam um pároco do século XIX, Berger Saunier.

Diz a lenda que ele encontrou certos documentos ao reformar a igreja os quais o levaram a um tesouro, algo terrivelmente constrangedor para a Igreja e ele foi pressionado a manter-se calado. A ligação é que Saunier teria encontrado documentos secretos que revelavam a verdadeira relação de Maria Madalena com Jesus. Uma coisa é fato histórico. Após essa época, Saunier, de repente, ganhou muito dinheiro. Suspeita-se que ele foi pago para manter silêncio sobre algo. O que ele fez com a nova fortuna? Fez surgir ainda mais suspeitas.

Fez reformas, em sua igreja, incomuns e tão simbólicas que as pessoas se perguntaram se ele não estava plantando pistas sobre o seu segredo.

Diz Thimothy Wallace – "Eu creio que, de fato, Saunier quis nos deixar mensagens. É uma imagem bastante rara da Sagrada Família. Nós estamos vendo Maria e José e Jesus ou estamos vendo Jesus, sua esposa Maria Madalena e seus dois filhos? Lembre-se, Jesus foi aclamado como Rei dos Judeus, quando chegou a Jerusalém, então ele tinha obrigação de deixar herdeiros. Há também uma estátua de uma mulher grávida observando a crucificação. Eu acredito que essa mulher grávida seja Maria Madalena[109]".

Saunier foi suspenso da Igreja, em 1910, por desobediência ao bispo e por instigar as massas, mas, mesmo assim, ele conseguiu construir um anexo à igreja, uma torre que ele batizou de "Torre de Magdala". Seria uma referência a forma como Jesus chamava Maria Madalena? Teria Saunier tentado transmitir através de imagem e da arquitetura o que a Igreja não permitia que ele dissesse em palavras? O que Saunier sabia e tinha descoberto, ele jamais revelou. Ele levou o segredo para o túmulo, mas, 50 anos depois, a Igreja decidiu falar sobre Maria Madalena.

8. ***Chico Xavier/Humberto de Campos*** – Mais recentemente temos também a informação mediúnica, uma versão de Humberto de Campos, no livro *Boa-Nova*, pela psicografia de Francisco Cândido Xavier.

---

[109] Timothy Wallace –Murphy, Ph.D. - documentário do Discovery Channel

Depois da morte do Cristo, Madalena foi residir em Dalmanuta, quando certo dia, um grupo de leprosos veio procurá-la. Procediam da Idumeia aqueles infelizes em supremo abandono. Perguntavam por Jesus Nazareno, mas todas as portas se lhes fechavam. Maria foi ter com eles, e reuniu-os sob as árvores da praia e lhes transmitiu as palavras do Mestre. As autoridades locais, entretanto, ordenaram a expulsão imediata dos enfermos. Maria Madalena, diante disso, se pôs em marcha para Jerusalém, na companhia deles. Passando a viver no Vale dos Leprosos, em breve tempo, sua pele apresentava, igualmente, manchas violáceas e tristes da lepra. Sentindo-se ao termo de sua tarefa meritória, Maria de Magdala abandonou o vale, para ir ao encontro de seu círculo pessoal em Éfeso. Uma noite, atingiram o auge as profundas dores que sentia. Em dado instante, observou-se que seu peito não mais arfava. Maria, no entanto, experimentava sensação de alívio. Foi quando viu Jesus aproximar-se, mais belo que nunca. Seu olhar tinha o reflexo do céu e o semblante trazia um júbilo indefinível. O Mestre estendeu-lhe as mãos e ela se prosternou, exclamando, como antigamente:

– Senhor!...

Jesus recolheu-a brandamente nos braços e murmurou:

– Maria, já passaste a porta estreita!... Amaste muito! Vem! Eu te espero aqui![110].

---

110. XAVIER, Francisco Cândido. *Boa-Nova*, lição 20.

15

REVISÃO DA DOUTRINA OFICIAL DA IGREJA CATÓLICA

ALGUNS HISTORIADORES DEFENDEM A teoria de que, para tentar "bloquear" a influência da apóstola, começou a ser disseminado o "boato" de que ela era a "prostituta" levada ao apedrejamento, descrita nos Evangelhos. Esse engano só seria admitido pela Igreja Católica quase 2 mil anos depois, durante o Concílio Vaticano II. Após o Concílio, a Igreja apressou-se em corrigir as liturgias consagradas a Madalena. Hoje, nas missas de 22 de julho, dia consagrado à santa pela Igreja Católica, se lê o *Cântico dos Cânticos*, que fala da *união sagrada* entre a alma e Deus, e não mais a história do apedrejamento.

Assim, no ano de 1969, nesse Concílio, o papa Paulo VI, publica uma revisão da doutrina oficial da Igreja, na qual Maria Madalena não seria mais mostrada como uma "prostituta". Embora já comentado alhures, vale a pena repetir que, ainda hoje, para o imaginário coletivo, ela permanece como a pecadora penitente e arrependida, chegando-se, inclusive, a considerar Madalena como a "padroeira das prostitutas". Veja até que ponto vai o imaginário humano! De uma história sem fundamento, atribui-se, falsamente, a Madalena a condição de mulher adúltera.

Ora, pelos relatos dos Evangelhos nada há contra a sua moral, já que estar "possuído" por "demônios" era força de expressão, para doenças psicossomáticas e, isso não era considerado "pecado". Diz Kardec que "a possessão nem sempre é evidente. É provável que naquela época, como sucede em nossos dias, se atribuísse à influência dos demônios todas as moléstias cuja causa fosse desconhecida[111] (...) "Como Lucas sabia que eram 7? Ele nem conviveu com Jesus! O 7 tem significado de completude de uma etapa. De onde veio, então, a pecadora, a prostituta, a penitente, denominações frequentes até a atualidade sobre Maria Madalena? Começou, como vimos, com o erro do papa Gregório Magno ao pregar sua *homilia*, que a tachou de "pecadora" (no sentido de desvio sexual, meretriz).

No entanto, segundo esses estudiosos, Madalena era a apóstola que mais compreendia os ensinamentos profundos de Jesus, como se vê na obra gnóstica *Pistis Sophia*, escritos provavelmente no século III, cujos comentários foram expendidos anteriormente. "*Tu és abençoada mais do que todas as mulheres na Terra, porque serás a plenitude de todas as plenitudes e a perfeição de todas as perfeições.*" (Máxima 19).

---

111. KARDEC, Allan. *A Gênese*, cap. XV, item 33.

Madalena é mostrada, atualmente, pela Igreja Católica como uma mulher forte e corajosa. De fato, contam os Evangelhos canônicos (únicos aceitos pela Igreja) que Maria Madalena não tinha medo de seguir seu Mestre aonde quer que fosse, e que esteve a seus pés durante a crucificação, afrontando todos os riscos, enquanto os apóstolos haviam "fugido", com medo de serem presos. Ela também não se amedrontou ao ir ao sepulcro de madrugada, quando ainda estava escuro, para cuidar do corpo de Jesus. Foi ela, inclusive, quem anunciou aos apóstolos que Cristo havia ressuscitado, demonstrando, assim, que foi a ela que Jesus apareceu em primeiro lugar, depois de morto, indicando a sua notável distinção entre todos.

O historiador James D. Tabor[112] afirma que Maria Madalena precisa ser "reabilitada". Ela precisa ganhar o *status* que possui nos Evangelhos. O inconsciente coletivo guardou na memória a figura de Maria Madalena como mito de pecadora redimida. Fato considerado normal nas sociedades patriarcais antigas. Relembremos que, segundo os escritores dos evangelhos, os apóstolos – todos homens – se esconderam em casa de amigos, aterrorizados que estavam diante da perseguição. Marcos diz que todos eles o abandonaram e fugiram. Foram as mulheres, ao pé da cruz, e Maria Madalena segurando a sua cabeça que continuaram leais a Jesus, até o final. Quando analisamos o que sabemos hoje sobre Maria Madalena, "creio que sabemos mais do que há

---

112. Documentário Discovery Channel.

cem anos". Hoje temos textos novos que nem sabíamos que existiam. *O Evangelho de Maria, O Evangelho de Filipe, O Evangelho de Tomé, O Pistis Sophia,* os atos de Filipe e outros documentos que mencionam Maria.

Esses novos textos encontrados mudam completamente a forma como as pessoas aprenderam a pensar. O pouco que se tem sobre a vida de Maria Madalena – na versão canônica – abunda-se em detalhes nos novos textos gnósticos; são versões totalmente opostas que nos permitem ver que não há só uma história sobre Jesus ou uma versão ou mesmo uma versão composta. Na verdade, há muitas. Então, você é obrigado – se está em busca da verdade – a pensar mais.

> A boa história nunca foi inimiga da fé bem informada, logo as duas não devem ser antagônicas. Uma coisa é o que nós descobrimos; outra coisa é no que nós acreditamos. Mas nós devemos unir as duas coisas, sempre que possível.[113]

---

113. James D. Tabor, in documentário do Discovery Channel.

16

SE NÃO FOI PECADORA, COMO FICAM AGORA OS ESCRITOS MEDIÚNICOS SOBRE ELA?

PELA LÓGICA, DEVE-SE TOMAR atitude de humildade, reconhecendo o equívoco, quando assim detectado. Reconhecer o erro é processo de aprendizagem. Nada de desespero. O caminho é a correção, o que nos leva ao equilíbrio, embora, sempre provisório, porque a evolução é infinita. A Igreja Católica após muitos anos voltou atrás, diante do "equívoco" do papa Gregório Magno, o qual, em sua *homilia*, fincou estaca com a pecha de "prostituta" a Maria Madalena.

Agora, vamos "adentrar" num terreno "espinhoso", onde meus comentários podem ser mal compreendidos, por conta da interpretação convencional, ainda bem viva, nos meios cristãos. Por uma série de razões, bem o sei, é difícil mudar o entendimento sobre algo estereotipado na mente, de longa data. Concordo com Joseph Goebbels quando afirma que "uma mentira repetida mil vezes torna-se verdade"[114]. Afinal, se criou, por força de um atavismo religioso, só explicável ao longo dos séculos, a ideia de que tudo que está na Bíblia é "palavra de Deus"[115]. Então, tudo que está no "Livro Santo", sobre Maria Madalena é verdade! Será mesmo? Não quero impor a ninguém o que penso. Meu objetivo é suscitar críticas educativas, de tal forma que possamos "crescer juntos". Reina ainda, em nossos dias, uma grande passividade em relação à Bíblia e à figura de Jesus. Poucos leem a Bíblia, criticamente. Muitos até dizem que "é pecado" duvidar das "palavras de Deus!" Acontece que a Bíblia é "palavra dos homens!..."

Saiba, no entanto, que minhas reflexões sobre Maria Madalena, são as mesmas que as faria um historiador bem-intencionado. Espelho-me neste objetivo, nas recomendações expendidas pelo espírito Erasto que, "Mais vale rejeitar dez verdades do que admitir uma única falsa mentira, uma única teoria falsa" [116]. Com fulcro em tudo o que foi descrito até aqui, farei "ressalvas", em alguns equívocos, que acredito "inconscientes", inseridos em mensagens mediúnicas, baseadas no que os espíritos

---

114 Paul Joseph Goebbels foi o ministro da Propaganda de Adolf Hitler na Alemanha Nazista, exercendo severo controle sobre as instituições educacionais e os meios de comunicação.

115. A expressão "palavra de Deus" é de origem judaica. Foi naturalmente herdada pelo cristianismo que a empregou para o mesmo fim dos judeus: dar autoridade à Igreja.

116 Essa regra de ouro do espiritismo, dada, como se vê, pelo espírito Erasto, discípulo do apóstolo Paulo, espalhou-se como sendo o próprio Kardec e em forma diferente, ou seja: Mais vale rejeitar noventa e nove verdades do que aceitar uma mentira. Foi por esse motivo que a grifei no texto. Trata-se, realmente, de uma regra que deve ser constantemente observada nos trabalhos e nos estudos espíritas. *O Livro dos Médiuns*, parte II – cap. XX: 30.

"tinham em mãos" à época, sobre Maria Madalena. Há muitas mensagens vazadas, nos últimos anos, pela *mediunidade*, sobre Maria Madalena, embora de profundo teor moral, mas que não passam pelo crivo da verdade histórica, descoberta recentemente. Em outras palavras, não são "fatos históricos", mas, sim, fruto do "imaginário humano". Não é meu interesse causar qualquer polêmica, já que, como espírita e médium, conheço, na prática, os "meandros" da mediunidade.

E para que não pairem críticas infundadas sobre o que estou escrevendo, ancoro-me nos ensinamentos do próprio codificador, Allan Kardec – o bom-senso encarnado, nas palavras do célebre astrônomo Camille Flammarion – trazendo à colação, inicialmente, o seu "alerta" aos estudiosos, sobre a postura que ele tomava ao fazer triagem de tudo o que lhe chegava às mãos, pela comunicação mediúnica. Esse "alerta", já inseri – como o mesmo objetivo –, no livro *O Evangelho de Judas* e "as comunicações mediúnicas". Nem tudo que foi transmitido pela *mediunidade* deve ser aceito como verdade. [117]

"É, – dizem algumas pessoas – mas foi transmitido por *tal espírito* e o médium que recepcionou a comunicação *foi fulano de tal!*". Kardec orienta-nos de que não devemos "aceitar nada que não passe pelo crivo da lógica e da razão", venha de quem vier! Tem que se acompanhar a ciência! Com lucidez de espírito

---

[117] Aprendemos com Kardec, que não existem médiuns perfeitos na Terra, mas bons médiuns, o que segundo os espíritos já é muito, pois eles são raros! Até porque, "O médium perfeito seria aquele que os maus espíritos jamais ousassem fazer uma tentativa de enganar. O melhor é o que, simpatizando somente com os bons espíritos, tem sido enganado menos vezes".

perquiridor, próprio de sua personalidade, confessa ele, que:

> Um dos primeiros resultados das minhas observações foi que os espíritos, não sendo senão as almas dos homens, não tinham nem a soberana sabedoria, nem a soberana ciência; que seu saber era limitado ao grau de seu adiantamento, e que sua opinião tinha apenas o valor de uma opinião pessoal. Esta verdade reconhecida desde o princípio preservou-me do grave escolho de crer na sua infalibilidade, e me impediu de formular teorias prematuras, sobre o dizer de um único ou de alguns[118].

Veja, então, que Kardec não contemporizou nem deixou por menos: o espírito *é* detentor do saber que "conquistou", sem "milagre" algum. Não *é* porque se encontra no mundo espiritual que passa, "milagrosamente", a ser detentor de todo o saber, ou, ter acesso a todos os arquivos do mundo espiritual. "O que se leva da vida, é a vida que se leva". Eles só sabem efetivamente, o que construíram por méritos próprios. Atente que o que os espíritos transmitiram pela mediunidade sobre Maria Madalena é o que eles "tinham" de conhecimento da *época*. Hoje temos textos novos que nem sabíamos que existiam.

Em que fonte, ou melhor, em quais fontes os espíritos comunicantes se informaram sobre Maria Mada-

---
118. KARDEC, Allan. *Obras Póstumas*, 2.ª parte, cap. 1.

lena? Primeiro, nos quatro Evangelhos canônicos. É a fonte oficial construída pela Igreja, tendo, como já abordado, apenas nos treze capítulos de notícias sobre ela. Depois, obviamente, vieram interpretações falsas, lendas, sem contar com a "escorregada" do papa Gregório Magno, autoridade máxima da Igreja, no século V, com sua famosa *homilia*. A propaganda de que ela foi uma "pecadora" (no sentido de prostituta), grassou, celeremente, por toda parte que, até hoje, se pensa que ela foi mesmo esta meretriz que "amou" Jesus. Acontece que, pelos documentos que se têm em mãos, ela não foi.

Bem, você poderia perguntar, mas *Os Evangelhos gnósticos*, não trazem mais informações que os canônicos? Sim, mas, por contrariar a Igreja, eles foram proibidos. Não se sabia praticamente nada sobre eles e só agora é que eles vieram à tona, com a descoberta da biblioteca de Nag Hammadi, no Egito. A divulgação deles levava os seus adeptos a serem perseguidos e até assassinados. Veja o que aconteceu aos cátaros! Os espíritos comunicantes, certamente, não tiveram acesso a eles, à época que transmitiram informações pela comunicação mediúnica. Então, eles – como alerta Kardec – só poderiam transmitir, pelos médiuns, a informação que detinham. Justifica-se, assim, que, o que temos sobre Maria Madalena, através da mediunidade, era a imagem de "pecadora" viciada em sexo.

Relaciono abaixo as comunicações mediúnicas sobre Maria Madalena. Destacarei **(em negrito)** as mensagens, que, a meu ver, merecem reinterpretação, com base nas informações atuais.

1. Caminho, verdade e vida – Francisco Cândido Xavier / Emmanuel. Capítulo 92.

Dentre os vultos da Boa-Nova, ninguém **fez tanta violência a si mesmo**, para seguir o Salvador, como a inesquecível obsidiada de Magdala. Nem mesmo Paulo de Tarso faria tanto, mais tarde, porque a consciência do apóstolo dos gentios era apaixonada pela Lei, mas não pelos **vícios**. Madalena, porém, conhecera **o fundo amargo dos hábitos difíceis de serem extirpados**, amolecera-se ao contato de entidades perversas, permanecia "morta" nas sensações que operam a paralisia da alma; entretanto, bastou o encontro com o Cristo para abandonar tudo e seguir-lhe os passos, fiel até o fim, nos atos de negação de si própria e na firme resolução de tomar a cruz que lhe competia no calvário redentor de sua existência angustiosa.

É compreensível que muitos estudantes investiguem a razão pela qual não apareceu o Mestre, primeiramente, a Pedro ou a João, à sua Mãe ou aos amigos. Todavia, é igualmente razoável reconhecermos que, com o seu gesto inesquecível, Jesus ratificou a lição de que a sua doutrina será, para todos os aprendizes e seguidores, o código de ouro das vidas transformadas para a glória do bem. E ninguém, como Maria de Magdala, houvera transformado a sua, à luz do Evangelho redentor.

2. Palavras de vida eterna – Francisco Cândido Xavier/ Emmanuel. Capítulo 35.

Para muitos, Maria de Magdala era a **mulher obsidiada** e **"inconveniente"**; mas para ele surgiu como sendo um formoso coração feminino, atribulado por indizíveis angústias, que, compreendido e amparado, lhe espalharia no mundo o sol da ressurreição.

3. Religião dos espíritos – Francisco Cândido Xavier/Emmanuel. Capítulo 11.

Para muita gente, Maria de Magdala era mulher **sem qualquer valor**, pela **condição de obsidiada** em que se mostrava na vida pública; no entanto, ele via Deus naquele coração feminino ralado de sofrimento e converteu-a em mensageira da celeste ressurreição.

4. Religião dos espíritos – Francisco Cândido Xavier/Emmanuel. Capítulo 52.

Entre as que haviam descido aos vales da perturbação e da sombra, encontramos em Madalena o mais alto testemunho de **soerguimento moral, das trevas para a luz**.

5. Seara dos médiuns – Francisco Cândido Xavier/Emmanuel. Capítulo 4.

Maria de Magdala, **tresmalhada na obsessão**, recupera o próprio equilíbrio e, apagando-se na humildade, converte-se em mensageira de esperança e ressurreição.

6. Livro da esperança – Francisco Cândido Xavier/Emmanuel. Capítulo 4.

Desejando exalçar a missão da mulher, não vacila em estender mãos amigas a Madalena, reconhecidamente **dominada por sete gênios sombrios**.

7. Justiça divina – Francisco Cândido Xavier/Emmanuel. Capítulo: Oração na Festa das Mães

(...) que restauraste **o equilíbrio** de Madalena (...).

8. Roteiro – Francisco Cândido Xavier/Emmanuel. Capítulo 15.

(...) usa a bondade fraternal para com Madalena, **a obsidiada**, (...).

9. Roteiro – Francisco Cândido Xavier/ Emmanuel. Capítulo 15.

Maria de Magdala, embora **os equívocos sucessivos**, após conhecer Jesus, passou a cultivar a pureza e tornou-se um símbolo da vitória da razão sobre a paixão.

10. Luz do mundo – Divaldo Pereira Franco/ Amélia Rodrigues. Capítulo 1

(...) ou **a obsidiada de Magdala** que rompeu em definitivo a noite interior para que a Sua luz a incendiasse por dentro, haurindo n'Ele o combustível que a manteria em claridade contínua até a vitória final.

11. Boa-Nova – Francisco Cândido Xavier/ Humberto de Campos. Lição 20.

Vejamos, agora, alguns excertos desta mensagem, que mostram Maria Madalena prostituta (No final deste livro, anexamos a mensagem integral):

> Maria de Magdala ouvira as pregações do Evangelho do Reino, não longe da Vila principesca [...] **onde vivia entregue a prazeres, em companhia de patrícios romanos** [...].

[...] **Até ali, caminhara ela sobre as rosas rubras do desejo, embriagando-se com o vinho de condenáveis alegrias.**

Jovem e formosa, emancipara-se dos preconceitos férreos de sua raça; **sua beleza lhe escravizara aos caprichos de mulher os mais ardentes admiradores; mas seu espírito tinha fome de amor.**

Decorrida uma noite de grandes meditações e antes do famoso banquete em Naim, (Lc) **onde ela ungiria publicamente os pés de Jesus com os bálsamos perfumados de seu afeto, notou-se que uma barca tranquila conduzia a pecadora a Cafarnaum.**

Seus conterrâneos nunca lhe haviam perdoado o abandono do lar e a vida de aventuras. Para todos, era ela a mulher perdida que teria de encontrar a lapidação na praça pública.

Jamais lhe observara qualquer expressão de desprezo para com as numerosas mulheres de vida equívoca que o cercavam.

Se necessário, saberia renunciar a tudo que lhe valiam as joias, as flores raras, os banquetes suntuosos, se, ao fim de tudo isso, conservava a sua sede de amor?!...

Sou uma filha do pecado. Todos me condenam.

A **pecadora de Magdala** escutava o Mestre, bebendo-lhe as palavras.

– Senhor, doravante renunciarei a todos os prazeres transitórios do mundo, para adquirir o amor celestial que me ensinastes!

Humilde e sozinha **resistiu a todas as propos-**

tas condenáveis que a solicitavam para uma nova queda de sentimentos.

Na fortaleza de sua fé, **a ex-pecadora abandonou o vale**, através das estradas ásperas, afastando-se de misérrimas choupanas.

Antes de expender qualquer comentário sobre as mensagens arroladas acima, deixo claro que creio na "honestidade" do médium, tanto quanto nos espíritos que transmitiram essas comunicações. Meu objetivo, em hipótese alguma, é a de denegrir ou colocar em "dúvida" a ímpar mediunidade de Chico Xavier ou de Divaldo Pereira, nem muito menos, "suspeitar" da honestidade dos espíritos comunicantes sobre Maria Madalena. As mensagens foram inspiradas e, como afirmou certo escritor: "Os espíritos também fazem literatura e toda literatura tem sua história".

O que trago à reflexão para "pensarmos juntos" é quanto à "verdade histórica". Muitas comunicações estavam calcadas, como diz Kardec, em conhecimentos pessoais; eles não tinham nem **a soberana sabedoria**, nem **a soberana ciência**; que seu saber era limitado **ao grau de seu adiantamento**, e que sua opinião tinha apenas o valor de uma **opinião pessoal**. Informaram com base, no que tinham em mãos: nos Evangelhos canônicos, e, ainda, nas lendas, nos mitos e nas interpretações equivocadas da Igreja, sobre Maria Madalena.

Já reportei alhures, de forma parcial, mas vale a pena repetir, a título de exemplo, o célebre caso da "mulher adúltera". Quantas mensagens foram inspiradas nesta figura, mas pesquisas fidedignas demonstram que ela não foi pronunciada por Jesus. Trata-se de um acréscimo. Esta mensagem foi inserida no Evangelho, após o Concílio de Niceia, no século IV, por algum copista. Você sabia disso? Conforme análise nos manuscritos, até aquela data, a mensagem não fazia parte do Evangelho de João e de nenhum outro Evangelho. Mas o conteúdo moral dessa história é válido e serve de pano de fundo para tantos ensinamentos. Eu mesmo, por gostar da mensagem a uso, porque traz um excelente conteúdo moral, não como "fato histórico" (verdadeiro), mas como uma "história", da qual se pode extrair sua essência. Quantas histórias, fábulas que as professoras contam em suas aulas, aos alunos, com o objetivo de se extrair um fundo moral? Você também deve se lembrar de algumas, não é mesmo? Emmanuel mesmo escreveu de forma extraordinária sobre esta história.

Assim, se a informação é falsa, por consequência, toda reflexão calcada nela, está sob suspeita. Ora, se a fonte de informação que instrutores espirituais detinham não corresponde ao que sabemos hoje, certamente o que foi vazado pela mediunidade (sem qualquer acusação de desonestidade. Longe disso!) está eivada de dúvidas. Assim, inúmeras mensagens mediúnicas que falam sobre Maria Madalena, calcadas nas informações, de então, não "resistem" às descobertas atuais. Ensina Kardec que:

> O espiritismo, avançando com o progresso, jamais será ultrapassado, porque, se novas descober-

tas lhe demonstrarem que está em erro acerca de um ponto, ele se modificará nesse ponto; se uma verdade nova se revelar, ele a aceitará. [119]

O espiritismo é uma doutrina que convida os seus adeptos ao raciocínio, ao estudo, à pesquisa e à utilização do bom-senso. Portanto, não podemos transformar pontos de vista ou opiniões pessoais em verdades incontestáveis. Assim sendo, o que proponho, nesses comentários, é fazer justiça quanto a essa personagem, através de um meticuloso estudo dos conteúdos que temos em mãos hoje. Precisamos, honestamente, "reinterpretar", com base nas descobertas atuais, as informações que não correspondem à verdade.

Em face do exposto e, por tudo que pesquisei até aqui, posso afirmar que, Maria Madalena não foi:

- Pecadora (prostituta) erroneamente confundida. Não há provas de que fosse mulher de vida irregular.
- A mulher que "lavou os pés de Jesus" com suas lágrimas.
- A mulher adúltera (essa história – conforme informado – foi inserida no Evangelho de João, só no século IV, por algum copista).
- Irmã de Lázaro, de Maria e Marta.
- A mulher samaritana do Poço de Jacó.

Nem os Evangelhos canônicos nem os apócrifos, em

---
119. KARDEC, Allan. A Gênese, Cap. I – Caráter da Revelação Espírita.

momento algum, sequer "insinuam" que Maria Madalena era uma prostituta ou pecadora pública, mas todos são unânimes em identificá-la apenas como uma "obsidiada" – Era obsidiada por 7 (sete) demônios, diz Lucas – mesmo com referência a essa "obsessão", constante nos livros, é preciso, ainda, melhor decodificação. Já citei, mas vale a pena repetir: O número 7 (sete), para os judeus, tinha sentido de completude, de término, e não pode ser interpretado em sua literalidade. Sugiro inteirar-se da interpretação completa da questão do n.º 7 (sete), no livro *Milagre – fato natural ou sobrenatural?* Se nem mesmo os evangelistas escreveram que Madalena era prostituta, qualquer outra informação, inclusive de **caráter mediúnico**, deve ser analisada com muito critério e bom-senso, como ensinou Kardec.

Acrescente-se, ainda, a interpretação do pesquisador, Juan Arias, com a qual compactuo: Há, inclusive, quem pense que aquele "ter arrancado sete demônios" podia significar que a alma de Maria Madalena vencera as formas do mal, quer dizer, que Jesus a purificou de todo o mal. Repetindo, o n.º *sete* tem sentido de completude, de término de uma etapa. Na literatura gnóstica, Maria Madalena "conheceu o Todo", foi "iniciada nos mistério de Jesus e uma inspirada". [120] Para ampliar o entendimento da simbologia do número sete, sugiro a leitura, nas páginas 81-82 do livro, *O segredo das bem aventuranças*, quando me refiro à "completude" de uma etapa e o início de "uma nova caminhada". Vale a pena refletir!

---

120. ARIAS, Juan. *Madalena – o último tabu do cristianismo*, p. 21.

Precisamos, pois, ver Maria Madalena com outros olhos, com outra concepção. Nada de "prostituta arrependida", de "obsidiada", de "pecadora", de "encarnação do mal", símbolo do arrependimento, como ainda se propaga nos meios cristãos. Não! Ela foi a mais importante apóstola do cristianismo nascente! É aquela que Jesus amou mais que todos os outros discípulos. *"Tu és abençoada mais do que todas as mulheres na Terra, porque serás a plenitude de todas as plenitudes e a perfeição de todas as perfeições"*, no dizer de Jesus, segundo o escritor de *Pistis Sophia* (Máxima 19). Era uma mulher de qualidades excepcionais, que soube "captar" os ensinamentos de Jesus, sobre o verdadeiro sentido do reino de Deus, não como construção externa, mas algo que ocorre na intimidade de cada um. Diz, ainda, o mesmo Evangelho sobre a facilidade de conexão com o Todo: "Meu Mestre, entendo que posso me manifestar a qualquer hora para interpretar o que *Pistis Sophia* [o Ser divino que concede a sabedoria] diz [...]". (Máxima 72).

Reflitamos, então, sobre esta mulher injustiçada, de tal sorte que sua imagem resplandeça sob nova visão, para todos que buscam, acima de tudo, a Verdade. "Conhecereis a verdade e a verdade vos libertará"!

SEGUNDA PARTE

O *Evangelho de Maria*
Miryam de Mágdala

1

A DESCOBERTA DO EVANGELHO DE MARIA

ELE FOI DESCOBERTO EM 1896, como parte de um códice comprado no Egito. O fragmento data do século IV e a data em que foi composto pode ter sido, em algum momento, entre meados do século II e o século IV. A maioria dos especialistas localiza no meio do século III; ele é um evangelho *gnóstico*. O título do códice é apenas *Evangelho de Maria*, não o *Evangelho de Maria Madalena*, como aparece em algumas edições modernas. Na opinião da historiadora Elaine Pagel, os textos encontrados no Alto Egito foram enterrados, no século IV, e, provavelmente, para preservá-los, por alguém que sabia que o bispo do Egito não gostava desses escritos.

O Evangelho de Maria Madalena pertence ao Codex Akhmin, por ter sido descoberto na cidade de Akhmin, no Egito, em 1896. Comprado pelo pesquisador e egiptólogo alemão Carl Reinhardt, só tinha oito das 19 páginas originais escritas sobre papiro, em dialeto copta egípcio. Faltavam as páginas de 1 a 6 e de 11 a 14. Mais tarde, outros dois fragmentos foram encontrados pelos ingleses, pelo egiptólogo Bernard Pyne Grenfell e pelo papirólogo Arthur Surridge Hunt, em 1897 e 1906. Escritos em grego os novos fragmentos completam e confirmam o Codex Akhmin, publicado em 1983.

É fascinante a história da descoberta e a série de infortúnios que impediram sua publicação de imediato, ocorrendo só em 1955. Relembro, aqui, o que já reportei, que ele é anterior à descoberta dos livros gnósticos de Nag Hammadi, encontrados em 1945, no Egito. Estes escritos, embora descobertos posteriormente, foram revelados ao público antes de *O Evangelho de Maria Madalena*. Por que isso aconteceu? É o que veremos agora, pela narração do historiador, Bart EHRMAN.

O manuscrito do Codex Akhmin, comprado em 1896 e levado para Berlim, continha, para a surpresa de seu comprador, além de *O Evangelho de Maria Madalena*, ainda três outros textos cópticos. Uma cópia deles, *o Apócrifo* (livro secreto de João), foi também encontrada na biblioteca gnóstica de Nag Hammadi, cinquenta anos depois. Em Berlim, um estudioso alemão de antiguidade egípcia, chamado Carl Schmidt, transcreveu o manuscrito para o seu idioma e preparou-o para publicação. O livro estava pronto para ser publicado em 1912. Mas um acidente na editora, com o estouro de uma tubulação, destruiu a edição e muitas outras coisas.

Por conta disso, Schmidt teve que recomeçar do zero. A Primeira Guerra Mundial teve início, e os estudiosos alemães, de repente, passaram a pensar em outras coisas, procurando salvar as suas próprias vidas. Só após o término da guerra, Schmidt pôde recomeçar o seu trabalho com a obra. Infelizmente ele tinha outras obrigações, as mais diversas. Morreu em 1938, antes da conclusão da obra. Então, o projeto foi assumido por outro estudioso, chamado de Walter Till. Em 1943, Till terminou a obra, mas, obviamente, foi uma época ruim para a Alemanha, no auge da Segunda Guerra Mundial.

Foi logo depois da guerra que ocorreu a descoberta formidável dos documentos gnósticos em Nag Hammadi. Till pensou, com razão, que podia haver outra cópia do *Evangelho de Maria* Madalena entre os tratados de Nag Hammadi e, por conseguinte, atrasou a publicação da obra até ter certeza. Nada foi descoberto sobre esse evangelho entre os escritos encontrados. Ficou claro, portanto, que o manuscrito, embora também gnóstico, como os livros dessa biblioteca, era a única cópia do livro existente. Esses são os motivos por que o livro veio a público somente em 1955, quase sessenta anos após a sua descoberta.

Começamos, agora, os comentários sobre a essência deste texto cristão gnóstico. Você, certamente, vai se surpreender!

2

ESTRUTURA DO EVANGELHO

O EVANGELHO DE MARIA Madalena está dividido em três subdivisões iguais. Vejamos, resumidamente, para efeitos didáticos, a essência de cada uma delas, antes de analisarmos com maior profundidade cada parte do livro:

Na primeira subdivisão, Jesus aparece no meio de um debate respondendo às perguntas dos discípulos. A preocupação dos discípulos é com dois assuntos: com a *natureza* deste mundo e com o *pecado*.

Na segunda subdivisão, é quando Maria Madalena aparece, entre os discípulos, após a partida de Jesus. A cena demonstra a preocupação deles, se porventura tiverem a mesma sorte de Jesus: a execução na cruz. Maria Madalena os consola. E aqui surge Pedro, solicitando que Maria lhes revelasse o que Jesus lhe tinha dito, no momento da aparição dele, na ressurreição. Ela, então, começa a contar, mas o texto é interrompido com a falta de quatro páginas. A narração volta no meio da descrição sobre sua alma subindo através das esferas celestes controlada por forças contrárias a ela, a caminho da morada celestial.

Na terceira subdivisão, os discípulos debatem a visão que Maria Madalena teve de Jesus na sua ressurreição e questionam dos discípulos, quanto à veracidade de tal acontecimento. Duvidam que ele tivesse aparecido primeiro a uma mulher! Dá para confiar nessa revelação? André e Pedro não aceitam. Levi (o Mateus, autor do 2.º Evangelho) socorre Madalena na sua revelação. O evangelho termina aí, com os discípulos saindo para pregar a Boa-Nova.

2.1 – Primeira subdivisão:
as palavras de despedida que Jesus dirige aos discípulos.

Jesus aparece no meio de um debate respondendo às perguntas dos discípulos. A preocupação dos discípulos é com dois assuntos: com a *natureza* deste mundo e com o *pecado*.

[...] O que é a matéria? Ela durará para sempre?

Responde Jesus:

Tudo o que nasceu tudo o que foi criado, todos os elementos da natureza estão estreitamente ligados e unidos entre si. Tudo o que é composto se decomporá; tudo retornará as suas raízes; a matéria retornará às origens da matéria. Que aquele que tem ouvidos para ouvir, ouça.

Dois são os assuntos abordados, nesta primeira parte, com perguntas feitas pelos discípulos a Jesus: a matéria e o pecado.

O QUE É MATÉRIA?

Antes de se preocupar com perguntas sobre o comportamento do homem "em si" – sua destinação, as regras de vida, a proposição da melhoria de conduta, a existência do mal e sofrimento – a primeira pergunta dos discípulos é sobre a existência do mundo (matéria). Ele existirá para sempre? Não é apenas uma ilusão? [121]

Essa pergunta precisava de uma resposta que esclarecesse o conflito entre os *gnósticos* e os *proto-ortodoxos*. O cristianismo proto-ortodoxo é um termo criado pelo escritor Bart EHRMAN que o descreve como uma das muitas seitas que seguiram os ensinos de Jesus, quando ainda não tinha chegado a ser a forma dominante do cristianismo moderno, que ainda se pratica na atualidade. Conforme já reportado, eram muitos grupos divergentes que se digladiavam no início do cristianismo.[122] São, em outras palavras, os precursores dos Evangelhos canônicos, atribuídos a Marcos, Mateus, Lucas e João.

Ainda, para o criador do termo, os:

> [...] *proto-ortodoxos* achavam que este mundo material e tudo que nele existia tinha sido criado pelo

---

[121]. LELOUP, Jean-Ives. *O Evangelho de Maria – Miryan de Mágdala*, p.37.
[122] Ver texto 1, O cristianismo que legamos, no livro, *O Evangelho de Tomé – o elo perdido*.

único Deus verdadeiro, conforme é descrito no Livro de Gênesis. Isto não quer dizer que os *proto--ortodoxos* acreditavam que não houvesse nada errado com este mundo. Os problemas de toda sorte ocorrem por aqui, *tsunamis*, vendavais, terremotos, tornados, deslizamento de terras; há problemas de pobreza, de fome, de seca, de doenças mortais de todos os tipos e o desgaste natural que vem com a velhice. Assim, ninguém pode declarar, em sã consciência, que o mundo é bom.

E concluindo, diz que, para:

> [...] os *proto-ortodoxos*, o mal que aflige não é o estado natural do mundo. Em vez disso, a criação boa se corrompeu. Entre os humanos, essa corrupção se manifesta em pecados como assassinatos, estupros, opressão e calúnias. O mal se manifesta na natureza também, por exemplo, nos desastres naturais, que sempre ocorreram, e sempre ocorrerão.[123]

A respeito deste assunto, expendemos comentários no livro *Leis de Deus – eternas e imutáveis*, capítulo 20, sobre o *Bem* e o *Mal*. Nele, com base em Kardec,[124] destacamos que os males da Humanidade, podem ser divididos em duas categorias:

Aqueles que o homem pode evitar – são os mais nu-

---
123. EHRMAN, Bart D. *Pedro, Paulo e Maria Madalena*, p. 349.
124. Resumo das ideias de Kardec, capítulo III – o Bem e o Mal – Em *A Gênese*, LAKE.

merosos, criados pelo próprio homem, por seus vícios, orgulho, egoísmo, ambição e cobiça desmedida.

Aqueles que são independentes de sua vontade – entre esses estão os flagelos naturais. Estes têm sido motivos de muitas interpretações místicas, com atribuições ao Deus antropomórfico, próprias da crença judaico-cristã, que castigava até a quarta geração aqueles que o aborreciam. Atente-se que nem sempre mortes trágicas estão vinculadas a "débitos do passado", embora muitos pensem assim.

"No mundo tereis aflições", disse o Jesus de João (16:33). Estar no mundo é estar sujeito aos problemas naturais, independentemente de nossa vontade. Nem tudo que acontece de desastroso no planeta é culpa do homem, porque esta esfera em que habitamos, temporariamente, é um corpo vivo, que pulsa, respira e tem vida própria. Mesmo que não houvesse aqui a presença humana, os terremotos e *tsunamis* (ou maremotos, no bom português no estudo da sismologia) as erupções vulcânicas, as tempestades devastadoras aconteceriam. Como sempre aconteceram ao longo da história recente e remota.

Concordamos com EHRMAN [125], quando assinala que, para maior entendimento da visão do mundo, devemos comparar o pensamento do escritor do *Evangelho de Maria Madalena* com o dos pensadores cristãos apocalípticos. Assim é que:

---

125. EHRMAN, Bart D. idem, p. 349.

1. **Para os cristãos apocalípticos** o mal corrompeu tanto a natureza que, um dia, o mundo será destruído. Deus intervirá na história e derrotará as forças do mal e todos que se alinharem ao seu lado (os pecadores). Esse é também o pensamento do Jesus dos Evangelhos canônicos, pregador apocalíptico, tal como foram, João Batista, seu professor inicial, e Paulo. Vai, então, restabelecer este mundo material como originariamente o concebeu em seu estado imaculado. Haverá um reino glorioso e paradisíaco aqui na Terra, onde todos poderão desfrutar dos recursos abundantes da Terra sem nenhum sofrimento, dor nem desgraça que, atualmente, os seres humanos precisam enfrentar. Segundo esta visão apocalíptica, a Terra não será *destruída*, mas sim *redimida*, quando Deus reafirmar a Sua vontade sobre a boa criação que fez. Já dissemos, mas vale ratificar, que essa mensagem atraía seguidores a Jesus.

2. **Para os cristãos gnósticos** (inclusive o responsável pela redação do *Evangelho de Maria*), o Jesus de Maria Madalena responde à pergunta sobre a destruição da matéria, afirmando que: "todas as naturezas, todas as coisas formadas, todas as criaturas... se dissolverão na própria matéria". Em outras palavras, tudo se dissolverá, até a própria matéria: "A natureza da matéria é dissolvida na origem de sua natureza". Na forma de ver dos gnósticos, o mundo material não é uma boa criação que deve ser redimida. A vida eterna não é uma existência material, mas imaterial. O que é espírito voltará ao reino espiritual, ao passo que o que é matéria está condenado à dissolução suprema. No

entender dos gnósticos, *o mundo era uma prisão para o espírito e seu objetivo era voltar ao mundo espiritual.*

O cristianismo na visão do *Evangelho de Maria*, tal como pensam os demais gnósticos, é uma busca do conhecimento. Relembremo-nos de que o termo *gnose* deriva do termo grego, *gnosis* que significa *conhecimento*. Para os gnósticos, *gnose* é um conhecimento que faz parte da essência humana. É um conhecimento intuitivo, diferente do conhecimento científico ou racional. Neste, Jesus, de acordo com a curiosidade dos discípulos, traz ensinamento sobre a natureza do mundo.

Neste Evangelho, Jesus é apresentado como aquele que transmite o ensinamento, as informações necessárias e propícias à reintegração do homem nele mesmo e na relação com Sua Fonte e Seu Princípio, com aquele que, na maior parte dos Evangelhos, ele chama de Pai: "Meu Pai e vosso Pai", "meu Deus que é vosso Deus". Ele comunica os ensinamentos que podem devolver ao homem sua filiação perdida, uma intimidade inaudita com a Origem, intimidade na qual ele sempre viveu, seus dizeres, seus atos sendo expressão dessa intimidade[126].

O Mestre tem sido traduzido por "Salvador". Alguém que salva alguém, sem que o sujeito seja agente de sua própria salvação. Aqui entram em ação, as declarações: "entregar nas mãos de Deus". "Deus proverá", "Jesus salvará", entre outras. Então, antes de tudo, é preciso entender que a "salvação" não é algo que ocorre

---

126. LELOUP, Jean Yves. *O Evangelho de Maria – Miryam de Mágdala*, pp.37-38.

de "fora para dentro". A salvação tem sentido de libertação, ou seja, salvando-se da ignorância, iluminando-se. E isto é tarefa pessoal. Neste entendimento, "ninguém salva ninguém". Se alguém puder salvá-lo, adeus crescimento, pois a iluminação é intransferível! A perfeição é o primeiro objetivo da encarnação[127]. A salvação é um conhecimento, um ensinamento que conduz a criatura a sua própria libertação, livre de seus apegos e de ilusões daquilo que ele não é realmente. O apego ilusório à "matéria" desvia o ser da sintonia com sua Essência. Assim, em relação a essa "matéria", Jesus responde:

> **Tudo o que nasceu tudo o que foi criado todos os elementos da natureza estão estreitamente ligados e unidos entre si. Tudo o que** é **composto se decomporá.**

Atente para a atualidade desse ensinamento, referindo-se à interdependência de tudo. Nada existe "em si" e "por si", o mundo é um tecido de relações; não se pode apanhar a mínima coisa se não for na rede e nos "nós" das interdependências que a constituem. Isso é verdadeiro para a matéria e isto é verdadeiro também para a natureza do homem, seu corpo e os pensamentos que o animam. Logo, tudo que é, é o resultado de um certo número de composições mais ou menos complexas, e está também sujeito à decomposição. "Tudo que é composto, diz ele, se decomporá". A própria matéria que forma o nosso corpo físico,

---

127. KARDEC, Allan. *O Livro dos Espíritos*, q. 132.

após um período na encarnação se decompõe, voltando às origens. É a expressão da frase de Lavoisier, "Na Natureza nada se cria, nada se perde, tudo se transforma". Completa, então, Jesus:

> **Tudo retornará as suas raízes; a matéria retornará às origens da matéria.**

Uma semente, quando lançada ao solo, tem, em si, as "informações" intrínsecas para dar continuidade à sua espécie. Nascem raízes, dessas raízes o caule, a flor e o fruto. Tem também, por reflexo, a mecânica para encarar as naturais intempéries (chuvas, sol, depredações, etc.). Com o inverno, por exemplo, tudo retorna às raízes e as Raízes das raízes têm a informação Original que, fazendo existir todas as coisas, permanece inapreensível (incompreendido). Por que determinadas árvores liberam suas folhas no outono e no inverno? Eis a resposta: "Por sabedoria. Nessas estações, como o dia é curto e as temperaturas são mais baixas, as plantas não se desenvolvem plenamente. Assim, diz a botânica Helenice Mercier, elas "preferem" perder parte das folhas e armazenar energia no caule. "Poupam energia com as folhas adultas, já **pensando** (grifamos) no nascimento de novas folhas", diz a botânica[128]. A matéria retorna às origens.

Quanto ao ser humano, o processo evolutivo vai ocorrer em duas situações:

---

[128] Folha de São Paulo, folhaequilíbrio, 18/04/2004.

1. O espírito deixa a matéria que lhe serviu de suporte, e, nesse "retorno", não há sentido de "regressão". Como o ser espiritual, o progresso é infinito e o retorno dá-se sempre em estágio maior. Para explicar esse processo evolutivo, ROHDEN serve-se da história do Filho Pródigo, introduzida por Lucas (15:11). Diz que "o jovem ao regressar para casa, depois de ter perdido tudo, "aparentemente" regressou para onde viera; na realidade, esse regresso foi um *super-gresso*; o ponto de sua volta não coincidiu com o ponto de partida; não fechou simplesmente um círculo, abriu uma grande espiral, cujo termo de chegada superou o *egresso*, porque entre esse e aquele aconteceu um ingresso. Entre a partida e a chegada houve uma gigantesca evolução". Trata-se de um retorno para "adiante"[129].
2. No que se refere à matéria, na pergunta do discípulo a Jesus: "Ela durará para sempre"? Repetindo o que expressou o Mestre, segundo este Evangelho: *Tudo que é composto se decomporá; tudo retornará às raízes; a matéria retornará às origens da matéria.* A matéria, como veículo para o espírito, volta às suas origens, nada se perdendo. A matéria usada pelo espírito volta à terra, decompondo-se nos seus componentes.

Depois do ensinamento de Jesus, nesta primeira parte, arremata: "Quem tem ouvidos para ouvir, ouça". Este é um convite para que se apure o ouvido; tem senti-

---

129. ROHDEN, Huberto. *Sabedoria das parábolas*, p. 22.

do de apurar a psique para alcançar a revelação daquilo que é, verdadeiramente, porque o real só se dá àqueles que têm tempo de escutá-lo. Quer isso dizer que, com a sintonia com os valores da Essência, libertamo-nos da idolatria da matéria. Ao relativizar a natureza das coisas, podemos amá-las melhor, sem apegos. Isto nos leva a uma autêntica "salvação" (libertação da alma).

QUE É O PECADO?

Pedro lhe diz:

> Já que Tu te fazes o intérprete dos elementos e dos acontecimentos do mundo, dize-nos: O que é pecado do Mundo?

O Mestre responde:

> Não há pecado. Sois vós que fazeis existir o pecado, quando agis conforme os hábitos de vossa natureza adúltera; aí está o pecado.

Quando se fala em "pecado", logo se liga à ideia de religião, não é mesmo? É uma palavra que está sempre presente no linguajar do cristão-evangélico. Assim é que, para que possamos melhor compreender o que significa este termo (fora do sentido religioso) vamos buscar a gênese dessa palavra. "O termo traduzido como 'pecado' é uma palavra que, entre os gregos pagãos, significava 'errar o alvo' ou 'falhar no desempenho'". Os atletas gregos, mirando um alvo, algumas vezes erravam na pontaria. Dizia-se, então, que eles "pecaram".

Nos meios religiosos, no entanto, o *pecado* é algo interpretado, como qualquer ação contrária à lei de Deus. Parece-nos que por influência da teologia cristã, é este o sentido que a grande maioria gravou na memória, ancestralmente. Já nos referimos a essa expressão, alhures, afirmando que na tradição cristã, quando se referia a Maria Madalena, como "pecadora", no fundo, o que se queria dizer é que ela era meretriz, da qual "Jesus tirara 7 demônios". Talvez você, até por força de expressão, diga também, que isto ou aquilo é pecado, querendo, com isso, dizer que está pecando contra Deus.

Pedro, então, entusiasmado com a interpretação de Jesus sobre acontecimentos do mundo, pergunta: *O que é o pecado do mundo?* Para o povo judeu, cujo pensamento era apocalíptico, o pecado tinha "misticamente", o sentido de desobediência a Deus. E tenhamos em mente, conforme já reportado, vários profetas defendiam a necessidade de se libertar o povo judeu do "pecado", com o objetivo de se preparar para a vinda do reino de Deus na Terra. Dentre esses apocalipsistas, já assinalamos a atuação de João Batista, que pregava abertamente a necessidade de deixar, o quanto antes, o pecado, preparando-se para a chegada de Deus. Dizia ele: "Arrependei-vos, pois, está próximo o reino dos céus". "Confessai os vossos pecados". "Produzi frutos dignos de arrependimento". "O machado já está posto à raiz das árvores e toda árvore que não produz bom fruto, será cortada e lançada ao fogo". (Mt. 3). Não tenhamos dúvidas de que se tratava de uma ameaça psicológica, um método sutil de imposição de um certo temor pedagógico, mas, para um povo rude e inculto isso funcionava.

Jesus, como discípulo de João Batista, pregava também essa mesma mensagem, segundo registram os Evangelhos canônicos. A linha de pensamento dele era apocalíptica. Paulo, era também outro pregador apocalíptico, dizia que:

> [...] pecado é todo ato de desobediência a Deus. E a alienação em relação a Deus ocorre quando o pecado consegue (como sempre) fazer as pessoas desobedecerem aos mandamentos que são divinos para a vida humana[130].

O Jesus do *Evangelho de Maria Madalena* dá, porém, outra interpretação ao que se chama "pecado". Atente para o que ele responde a Pedro:

> *Não há pecado. Sois vós que fazeis existir o pecado, quando agis conforme os hábitos de vossa natureza adúltera; aí está o pecado.*

Diremos nós, "não há pecado, só há pecadores!" É assim que pensa Paulo ao dizer que "Tudo é puro para aquele que é puro, sois vós que fazeis existir o pecado" (Tito, 1:15).

---

130. EHRMAN, Bart. *Pedro, Paulo e Maria Madalena*, p. 350.

O pecado, nesta ótica do Jesus de Maria Madalena, não existe como entidade independente. Só vai ocorrer quando há a combinação ilícita das coisas, especificamente, o que é especial com o que é material. Quanto o espírito fica preso na matéria (fusão ilícita, ou seja, o adultério), aí é que ocorre a alienação.[131]

Estar preso aos desejos da matéria, para os *gnósticos*, é adulterar. E Maria Madalena era filiada a essa linha de pensamento. Deixar ser levado pelas coisas da matéria é "aprisionar-se". Quanto mais preso a ela, mais desconectado fica o espírito de seu Eu verdadeiro, de sua essência divina.

Que é "agir conforme os hábitos de uma natureza adúltera"? Trata-se de agir conforme os hábitos e as formas de pensamento de nossa "segunda natureza", uma natureza que se superpôs à nossa verdadeira natureza, a do EU real, potencial divino em todas as criaturas. "A Lei de Deus está gravada na consciência", dizem os interlocutores de Kardec.[132] Quanto mais evoluídos espiritualmente, mais nos expressamos com maturidade de consciência e, por consequência, erramos menos. Pecamos, pois, quando agimos sem o menor cuidado de análise e de verificação, julgando com base nos exemplos herdados de nosso meio. É, em outras palavras, estar expressando apenas o seu "eu" material, sem a sintonia com o Real. Somos, então, iludidos pelas manifestações do mundo. É esse o sentido da frase: "Vês o cisco que

---

131. Idem, ibidem, na mesma página.
132. KARDEC, Allan. *O Livro dos Espíritos*, questão. 621.

está no olho de seu vizinho e não vês a trave que está no teu olho". (Mt. 7:3 e Lc. 6:41). Não vemos com os "olhos de ver", como expressou Jesus, iludindo-nos com a matéria em detrimento do espírito.

Ressalte-se aqui, a título de analogia, a lúcida interpretação de Kardec sobre essa questão abordada pelo Jesus do *Evangelho de Maria*, quando diz que "existe o pecado quando agis conforme os hábitos de vossa natureza adúltera".

Diz o codificador[133]:

> A palavra adultério não deve ser aqui entendida no sentido exclusivo de sua acepção própria, mas com sentido mais amplo. Jesus a empregou frequentemente por extensão, para designar o mal, o pecado, e todos os maus pensamentos. A verdadeira pureza não está apenas nos atos, mas também no pensamento; pois aquele que tem o coração puro nem sequer pensa no mal. Foi isso que Jesus quis dizer, condenando o pecado, mesmo em pensamento, porque ele é um sinal de impureza. Em resumo: a pessoa que nem sequer concebe o mau pensamento, já realizou o progresso; aquela que ainda tem esse pensamento, mas o repele, está em vias de realizá-lo; e por fim, aquela que tem esse pensamento e nele se compraz, ainda está sob toda a força do mal. Numa, o trabalho está feito; nas outras, está por fazer. Deus, que é justo, leva em conta todas essas

---

133. Idem, *O Evangelho segundo o Espiritismo*, Cap. VIII.

diferenças, na responsabilidade dos atos e dos pensamentos do homem.

É interessante notar que, para o escritor do *Evangelho de Maria Madalena*, Jesus não fala em perdão dos pecados contra Deus. Mas sim, o "despertamento" do espírito para voltar a ligar-se "às suas raízes". A missão de Jesus era, então, de ajudar as criaturas a não serem ludibriadas pelas "portas largas" do mundo (matéria), mas a de encontrar "as suas raízes", a sua Luz interior. No Evangelho canônico de Mateus, 5:16, ele recomenda, "brilhe a vossa luz", referindo-se ele à busca de nossas "raízes", ou seja, a busca do potencial de luz que deve ser desenvolvido na nossa evolução planetária. Atente que esse conceito inserido em Mateus, nada mais é do que um pensamento gnóstico.

O que se observa, hoje, nos meios religiosos? É sempre a mesma ladainha, atribuindo-se o "castigo de Deus", por conta de pecados cometidos. Ora, não existe castigo! Esse conceito de castigo é o do paradigma judaico-cristão do "deus pessoal". Nós, aliás, como espíritas, excluímos, já há muito tempo, o termo "pecado" de nosso vocabulário, preferindo "equívoco" ou "erro". O conceito de Deus para o espiritismo está assentado na questão n.º 1 de *O Livro dos Espíritos: Deus é a inteligência suprema e causa primária de todas as coisas*. Entendemos que o erro é parte integrante do processo da evolução, não merecendo castigo algum, mas, sim, correção pedagógica, no sentido de ajudar o ser, após descobrir a falha, a refazer a aprendizagem. Não é isto que você faz com seu filho quando erra?

Ou o professor, quando seus alunos erram? Ao invés de castigar, ensina caminhos que conduzem ao comportamento correto. O erro é sempre fruto da ignorância. A Lei Cósmica é neutra e está constantemente disponível para que a criatura se afine com Ela. Daí dizer-se que "Deus – a Lei – não faz distinção de pessoas".[134]

O chamado *pecado* – para nós, apenas *desinformações* –, é consequência natural do processo evolutivo da criatura. É óbvio que esse desconhecimento leva a criatura a errar por ignorância, o que não traz por parte do Criador – representado por Suas Leis na consciência – qualquer reprimenda ou castigo, como se costuma colocar na mente dos incautos. É o próprio espírito que, no devido tempo, como detentor do livre-arbítrio, vencendo os obstáculos, torna-se mais forte; e, adquirindo consciência do fato, modifica-se. À medida que se diminuem os erros, em razão da maturidade progressiva, maior é a sintonia com a Vontade de Deus (entenda-se como Lei de Deus), tornando-se, por consequência, mais feliz.

Já ouvi de uma pessoa profundamente religiosa que por conta de desarmonia conjugal desejava separar-se de seu cônjuge, a pergunta: "Será que é "pecado" eu me divorciar do meu marido?" A preocupação demonstrada, na verdade, é se Deus consideraria pecado a separação. Ela, neste caso, está presa à ideia de que "o que Deus ajuntou não separe o homem" (Mc 10.9). [135] Esse é um falso entendimento sobre o "pecado". As pessoas

---

134. Ver o livro *O Evangelho de Tomé* – o elo perdido, p. 129.
135. Leia a interpretação a essa ideia de "Deus uniu", no livro *Da moral social às Leis Morais*, p. 82.

frequentemente e, de forma errônea, associam pecado à religião, à ira de Deus, e ao negar a si mesmas certos prazeres. Deus, na realidade, não castiga ninguém por seus erros. Tudo ocorre, sim, mesmo no foro íntimo da consciência. Somos nós mesmos que, no tempo do entendimento, julgamos se o ato praticado é errado. Não existe justiça divina externa. O julgamento se dá no tribunal da consciência de cada um. Sobre este assunto escrevi o livro *O código penal dos espíritos – a justiça do tribunal da consciência*.

Jesus continua falando aos discípulos, comentando sobre os desejos humanos. Diz ele:

> **O apego à matéria gera paixão contra a natureza. É então que nasce a perturbação em todo o corpo; é por isso que eu vos digo: Estais em harmonia... Se sois desgarrados inspirai-vos em representações de vossa verdadeira natureza. Que aquele que tem ouvidos para ouvir, ouça.**

Não se diz nunca que a matéria, as pessoas e os objetos são prejudiciais ou maus em si mesmos. É o nosso apego, nossa paixão que é contra a natureza.

> Os desejos da carne, na realidade passaram a existir quando o espírito "cometeu adultério", ou seja, quando passou a fundir-se com o corpo material. A matéria deu origem à paixão disforme, pois vem do que é contrário à natureza.

Para os gnósticos, Deus não uniu espírito e matéria: essa unificação "antinatural", levando à paixão e ao sofrimento interior que a paixão gera. Essa situação insustentável de ser controlada pelos desejos, é claro, se resolve via afastamento da prisão do corpo[136].

No dizer de Jean-Yves Leloup:

> Jesus alerta que não parece natural apegar-se assim àquilo que, pelo nosso conhecimento, sabemos ser passageiro ou transitório; natural é amar os seres, as coisas pelo que eles são. Apegar-se ao que, pela natureza, não permanece é senão demência, pelo menos a mais elementar estupidez. É, então que nasce a perturbação em todo o corpo. A mente cria e o corpo recebe o impacto de tudo que emocionalmente pensamos.

Elucida Emmanuel, nessa linha de entendimento, que:

> Desde a fase embrionária do instrumento em que se manifestará no mundo, o Espírito nele **(o corpo)** plasma os reflexos que lhe são próprios. (acréscimo meu)[137].

É, então, que nasce a perturbação em todo o corpo; o corpo toma conhecimento da mensagem mental do espírito, antes mesmo que este tenha tempo de refletir sobre o que projetou.

---
136. EHRMAN, Bart D. *Pedro, Paulo e Maria Madalena*, pp. 350/351.
137. XAVIER, Francisco Cândido. *Pensamento e vida*, cap. 14.

O Mestre não prega nenhuma crença. Você é que se filia a esta ou àquela religião, por desejo próprio. Ele nos alerta que o apego, a paixão são contra a natureza e juntam a perturbação da alma às perturbações do corpo. Para sair desse estado, devemos retornar à verdadeira natureza. Olhar tudo com amor, sem a vontade de apropriar, é vê-los melhor, é ver claro, é olhar claramente o que é, sem "querer tê-lo e neste deixar ser o que é". "Possuir sem ser possuído", eis a chave da questão. Quando somos possuídos, perdemos a vida, já que deixamos de ser nós mesmos, em nossa integridade. É nessa linha de pensamento que expressa ROHDEN[138]:

> Ser rico ou ser pobre são coisas que nos acontecem, de fora – mas a arte de saber ser rico ou de ser pobre, é algo que nós produzimos, de dentro. O que nos faz bons ou maus não é aquilo que nos acontece, mas sim, o que nós mesmos fazemos e somos. Ninguém abandona algo que considera valioso sem que encontre algo mais valioso. Quem não encontrou o tesouro oculto e a pérola preciosa do reino dos céus não pode abandonar os falsos tesouros e as pérolas falsas dos bens da Terra.

Em seguida, Jesus (em espírito, não no corpo ressurreto), antes de partir, faz várias advertências. Primeiro, lhes diz:

---
138. ROHDEN, Huberto. *Sabedoria das parábolas*, 2.ª parte Místicas das beatitudes, p. 185.

Paz em vós – que minha paz seja gerada e se complete em vós!

Depois, da saudação, complementa:

Velai para que ninguém vos engane, dizendo: Ei-lo aqui. Ei-lo lá. Porque é em vosso interior que está o Filho do Homem; Ide a ele: aqueles que o procuram o encontram.

A exortação é para que o discípulo fique "atento" com as falsas promessas que muitos apregoam. Pode ser de uma pessoa, de uma ideologia, de um partido, de um remédio milagroso, de uma lei, ou de uma decisão ministerial que deve "colocar tudo em ordem". O reino ensinado por Jesus não é uma promessa física aqui, neste mundo material, mas o desenvolvimento do potencial divino dentro de si mesmo. Não se pode ficar aguardando um reino futuro na Terra, pois ele não se encontra aqui. Quando dizemos que Deus está dentro de nós, estamos falando de uma completa identificação de nosso ser com a fonte divina que é a origem (a raiz) de tudo.

Não fiquemos, pois, aguardando "apocalipticamente" uma solução vinda de alguém "externamente", nem um Deus milagreiro que transformará tudo, de uma hora para outra, sem a participação da própria criatura. A lei do Universo não prega comodismo. Os avanços acontecem naturalmente, pela "força das coisas", como diria Kardec. Cada um deve conta de sua administração, conforme ensina a parábola dos talentos.

> É interessante notar que o ensinamento dos Evangelhos, aquele das aparições e o *Evangelho de Maria* concordam sobre esse ponto. Enquanto nossa paz depender de uma realidade exterior, não é paz; enquanto nossa compreensão do homem e do mundo depender de uma doutrina externa, ela não é conhecimento; enquanto nosso amor aos homens e ao mundo depender de suas afeições, de suas atitudes a nosso respeito, ele não é amor. Enquanto nossa vida depender das circunstâncias e das contingências materiais que nos constituem, ela não é a vida, é ainda o nosso "homem exterior", que dia após dia vai se arruinando, é ainda este universo que obedece às leis da entropia e que dia após dia se degrada.[139]

Na sequência dos ensinamentos, diz Jesus:

Estai em harmonia.

O apego àquilo que nos impede de estar em harmonia com tudo o que é, estabelece uma relação de posse e de dependência que é contrária a uma relação verdadeira. Diz-se que estar em harmonia é entrar em uma relação musical com o mundo, uma colocação em ressonância, um acordo. Atraímos o que pensamos. Então, o fundamental para harmonizar-se com as leis do Universo é treinar pensar positivamente. "Por que

---
139. LELOUP, Jean-Yves. *O Evangelho de Maria – Miryam de Mágdala*, p. 66.

da maneira como pensa em seu coração, assim será ele" diz o Livro de Provérbios, 23:7. No texto do Jesus de Mateus, 6:33, encontramos a recomendação: "Buscai, em primeiro lugar, o reino de **Deus** e a Sua **justiça**, e todas essas necessidades vos serão dadas por **acréscimo**". Entendemos essa "justiça de Deus", como a "harmonia" com as Leis do Universo. Quando estamos em harmonia (alinhados) com as leis de Deus, a "abundância" flui em nós, preenchendo as nossas necessidades.

É neste sentido que somos todos mais ou menos "pecadores", à medida que ainda não nos *ajustamos* ou não nos *harmonizamos* com as Leis Universais. Com o tempo, todavia, aprendemos, dentro do estágio em que nos encontramos, a sintonizar com Suas vibrações, sempre justas, eternas e imutáveis. Enquanto estamos afastados, jazemos em pecado, isto é, fora de alinhamento. Conforme já conceituado o pecado, como "errar o alvo", iremos, no devido tempo, acertar e entrar em equilíbrio com a lei. Então, como o pecado não existe nas coisas materiais, somos nós que o criamos pelas nossas escolhas imaturas.

Orienta-nos Jesus:

> **Se sois desgarrados, inspirai-vos em representações de vossa verdadeira natureza.**

Estar "desgarrado" é estar em desarmonia com as leis da Natureza, ou leis divinas, das quais temos que nos aproximar para voltar ao equilíbrio, "por que o homem é só infeliz quando delas se afasta", na orientação dos interlocutores de Kardec, na questão 614, de *O Livro dos Espíritos*. E finaliza este pronunciamento com a célebre frase:

> **Que aquele que tem ouvidos para ouvir, ouça.**

Esta primeira parte do *Evangelho de Maria Madalena* termina quando Jesus adverte seus seguidores quanto à diferença entre as leis humanas e as leis divinas, ou naturais, asseverando:

> **Não estabeleçam regras diferentes das que lhes forneci e não criem leis como o legislador as faz, senão estareis obrigados a cumpri-las.**

Obviamente, as igrejas sempre criaram regras de conduta para seus seguidores, ditando o que é lícito "fazer" ou "não fazer", segundo os cânones de cada doutrina. Tal regramento retrata leis humanas, elaborado pelos seus líderes, e, no geral, aceito pela maioria como de ordem divina. O descumprimento é tido como "pecado" contra Deus. Repetimos: são leis estabelecidas pelos líderes religiosos. É nesse entendimento que o Jesus de Mateus (23:3-4) expressa:

> [...] Contudo, não façais o que eles fazem, porquanto não praticam o que ensinam. Eles atam fardos pesados e os colocam sobre os ombros dos homens. No entanto, eles próprios não se dispõem a levantar um só dedo para movê-los.

Ao criar regras de conduta sobre sexo (só após o casamento), conduta comunitária (não roubar o próximo), conduta política (pagar os impostos), etc, são elas interpretadas dentro do estilo de vida "cristão". São leis humanas que podem, obviamente, ser mudadas com o tempo. As leis humanas são construções em constante processo de transformação. É o que ocorre com as leis ordinárias criadas pelos órgãos legislativos: são mutáveis com a evolução da sociedade. Vivemos na própria sociedade, sob a égide de leis que têm por objetivo estabelecer regras de convivência para o bem-estar social.

O Evangelho de Maria Madalena, no entanto, ensina que essas regras externas, por serem humanas, não retratam que os discípulos estão seguindo os ensinamentos do Cristo.

> A interioridade do Reino implica uma regra interior, quer dizer, um Evangelho vindo da palavra revelada e não de uma decisão disciplinar externa (lei, testamento)[140].
>
> Não deis leis (não imponhais regras) como o Legislador (como aquele que deu a Torá), para não serdes constrangidos por elas (a fim de não vos tornardes seus escravos).

O Mestre não é uma imagem exterior com a qual seria preciso parecer. Ele é um princípio de vida, uma fon-

---

140. TARDIEU, M. Trois Mythes gnositques, Éros e lesaniamaux d'Egypte dan sunécrit de Nag-Hammadi, p. 229, citado por Jean-Ives Leloup no *Evangelho de Maria Madalena*.

te de liberdade e de amor que é necessário deixar jorrar em nós.

Conquistar, por sintonia vibracional, pela ação no bem, um novo comportamento, sempre ascendente, na busca da perfeição, é objetivo de nossa encarnação planetária. Então, as leis humanas são apenas regras de conduta na manutenção de determinada estrutura social.

> O papel da lei é colocar "limites". Para que o homem encontre sua forma, ele tem necessidade de limites; a criança que não receber de seus pais alguns limites a seu desejo, terá dificuldades em se conhecer e em se reconhecer. Até aí tudo bem. O problema é dar limites que não *fechem*, que não *aprisionem*, ou não *castrem* um ser humano em seu devir. Temos necessidade, para evoluir, de segurança e de liberdade ao mesmo tempo; a alguns faltam pontos de orientação, leis, limites que lhes teriam dado uma segurança e uma confiança fundamental para viverem melhor. A alguns faltou a liberdade e permanecem aprisionados em princípios e constrangimentos que os impedem de respirar e viver. *O Evangelho de Maria* nos lembra que a grande lei é a de amar, que Yeshua foi Testemunha deste Amor e que amar não é ser escravo da lei, é ultrapassá-la, cumprindo-a.[141]

No sentido gnóstico, a verdade só vai ser encontrada

---

141. LELOUP, Jean-Ives. *O Evangelho de Maria – Miryam de Mágdala*, pp. 76-78.

através da sintonia com a essência, na própria intimidade. As leis divinas ou naturais não são sujeitas a um querer humano, não podendo ser mudadas de acordo com as conveniências sociais, pois, por serem eternas e imutáveis, sempre existiram independentemente do ser humano. Elas estão intimamente, como sementes, em cada um de nós. É o que ensinam os espíritos auxiliares de Kardec, em *O Livro dos Espíritos*, q. 642: "A Lei de Deus está gravada na consciência".

SEGUNDA SUBDIVISÃO:
REVELAÇÃO A MARIA MADALENA

É quando Maria Madalena aparece, entre os discípulos, após a partida de Jesus. A cena demonstra a preocupação deles, se porventura tiverem a mesma sorte de Jesus: a execução na cruz. Maria Madalena os consola. E aqui surge Pedro, solicitando que Maria lhes revelasse o que Jesus lhe tinha dito em particular a ela, na ressurreição. Ela, então começa a contar, mas o texto é interrompido com a falta de quatro páginas. A narração volta no meio da descrição em que escreve sobre sua alma subindo através das esferas celestes controlado por forças contrárias a ela, a caminho da morada celestial.

> **Tendo disto isto, ele partiu. Os discípulos estavam em aflição; eles derramaram muitas lágrimas, dizendo: "Como ir até aos gentios anunciar o Evangelho do Reino do Filho do Homem? Se eles não o pouparam, como eles nos pouparão"?**

Depois de transmitir as exortações aos discípulos, Jesus (obviamente, em espírito), presumivelmente, volta ao plano espiritual. Mas os discípulos, chorando a morte de Jesus temem por suas próprias vidas; em vez de saírem a pregar a Boa-Nova – conforme as orientações do Mestre – estavam cheios de dúvidas e apreensões. Eles não entenderam bem o que seria esse reino de Deus. Essa ideia de desenvolvê-lo da "intimidade" não cabia ainda na cabeça deles. Eles entendiam o reino de Deus como algo "material" que seria implantado na Terra, com a vinda de Deus, colocando as coisas no devido lugar. Jesus proclamava em alta voz: O reino (de justiça e fraternidade) *está chegando*!

Implantar o reino de Deus, segundo a mensagem que entendiam, era construir um novo reinado, com a varredura dos pecadores, substituindo os detentores do poder por uma nova administração. Os pobres, famintos e marginalizados exultavam! Agora seria a vez deles... Essa era mensagem apocalíptica que entendiam, conforme registram os evangelhos canônicos. Agora vem Jesus gnóstico dizendo que o reino de Deus é algo a ser construído na intimidade de cada um. Isso era demais para a cabeça deles. Mostravam, assim, que não entenderam o ensinamento sobre essa construção do reino interior. Nessa mensagem, Jesus afirma, conforme entendem *os gnósticos*, que o corpo pouco importa, o que vale é o desenvolvimento do espírito. Daí ser o reino de Deus uma construção pessoal.

Tende cuidado para que ninguém vos faça desviar-vos do caminho dizendo "Olha isso aqui" ou "Olha isso acolá", o filho da Humanidade [literalmente significa "filho do homem"] está dentro de vós. Segui isso. Aqueles que o buscam o encontrarão. Sendo Tomé também gnóstico, tal como Maria Madalena, insiste que o reino de Deus não é uma presença física aqui neste mundo material, mas um reino interior, no espírito das pessoas, que, em si, é divino. Não se pode sair por aí procurando um reino futuro na Terra, pois ele não se encontra aqui. (*logion* 3). O Jesus de João 18 – um dos canônicos –já expressara: "Meu reino não é deste mundo".

A preocupação dos discípulos, após a morte de Jesus na cruz, era a de "salvar a própria pele". Marcos, Mateus e os outros evangelistas têm o cuidado de lembrar somente a presença das mulheres no Gólgota, quando os homens já tinham fugido:

> Havia lá muitas mulheres que olhavam a distância, aquelas mesmas que tinham seguido Jesus desde a Galileia e os serviam, entre outras, Maria de Mágdala, Maria, mãe de Tiago e de José, e a mãe dos filhos de Zebedeu. (Mt. 27:55).

Assim, segundo nos informam esses Evangelhos oficiais da Igreja, na crucificação, todos eles fugiram para a casa de amigos, com medo de terem a mesma sorte do Mestre. Lembram-se de Pedro, que era praticamente o principal líder dos apóstolos? Segundo as anotações de Mateus, 26:34, ele, quando questionado pelos soldados romanos, "negou três vezes" que tinha qualquer "relação" com o crucificado. Foi falta de fé ou medo de ter o mesmo destino de Jesus? Sem dúvida, não é tão fácil assim responder. O que você faria no lugar dele? Ademais, acrescente-se que ninguém sabe, nem se foi verdade este episódio, ou apenas um acréscimo no Evangelho. Ora, se nem Jesus, o defensor da ideia, tampouco foi poupado, que seria deles? Certamente, se continuassem a pregar a Boa-Nova, não seriam poupados; eles seriam também a bola da vez!

É, então, que, segundo este *Evangelho de Maria*, aparece em cena a figura de Maria Madalena. Ela, que não pensava como eles, estava em outra faixa de entendimento, compreendera bem o ensinamento do Mestre. Ela era a seguidora de Jesus que apreendera perfeitamente o sentido do reino de Deus, como algo a ser desenvolvido individualmente, na intimidade. Ela era considerada a verdadeira discípula, aquela que tem a *gnose*. Já nos referimos sobre sua condição de superioridade, no Evangelho *Pistis Sophia*, quando Jesus a ela se refere, como uma mulher diferenciada:

> **Bendita sejas tu, Maria, tu que eu completarei com todos os mistérios do alto [ou seja, ele a aperfeiçoará com conhecimento]; fala abertamente, pois é alguém cujo coração está voltado para o reino dos céus mais do que qualquer outro de seus irmãos.** (Máxima 17).

E diz mais:

> **Tu és abençoada mais do que todas as mulheres na Terra, porque serás a plenitude de todas as ple-**

nitudes e a perfeição de todas as perfeições. (Máxima 19).

Então, antes de prosseguirmos no estudo do *Evangelho de Maria*, como ela era considerada por Jesus a principal discípula, aquela que atingiu a *gnose*, precisamos entender o que é alcançar a *gnose*. Os discípulos, obviamente, ainda não haviam atingido esse entendimento. *Gnose* significa "conhecer", em oposição a "ignorar". É um conhecimento que brota do coração de forma intuitiva – não pelo intelecto –, mas aquele que dá sentido à vida humana, que a torna plena de significado, porque permite o encontro do homem com sua Essência Eterna. O objeto do conhecimento da *gnose* é Deus, ou tudo o que deriva d'Ele. Toda *gnose* parte da aceitação da existência de um Deus absolutamente transcendente, que não necessita ser demonstrada. Por isso, "conhecer" implica a salvação de todo o mal (ego) em que possa estar imerso o homem que venha a possuir esse "conhecimento". *Gnose* é ao mesmo tempo um conceito religioso e psicológico, além de científico, filosófico e artístico. A partir desta visão, o significado da vida aparece como uma transformação e uma visão interior, um processo ligado ao que hoje se conhece como psicologia profunda[142].

Para Jung, muitos gnósticos nada mais eram do que psicólogos:

---

142. Para a pesquisadora de religião, Elaine PAGEL, no seu livro: *Os Evangelhos gnósticos*, p. 12: Para alguns gnósticos o autoconhecimento é conhecimento de Deus; o eu e o divino são idênticos. Quando o discípulo alcança a iluminação, Jesus não serve mais como mestre espiritual: os dois tornam-se iguais – até mesmo idênticos.

A *gnose* é, indubitavelmente, um conhecimento psicológico, cujos conteúdos provêm do inconsciente. Ela chegou às suas percepções através de uma concentração da atenção sobre o chamado "fator subjetivo" que consiste, empiricamente, na ação demonstrável do inconsciente sobre a consciência. Assim se explica o surpreendente paralelismo da simbologia gnóstica com os resultados a que chegou a psicologia profunda[143].

Maria Madalena ergueu-se, cumprimentando a todos, e disse aos seus irmãos: Não choreis, nem lamenteis, nem tenhais dúvida, pois a graça dele estará convosco e vos protegerá. Em vez disso, louvemos a sua grandeza, pois ela nos preparou e nos fez verdadeiros humanos.

Esta passagem resume as ideias centrais do *Evangelho de Maria*. Primeiro, dá destaque à mulher (que é vista como inferior pelos homens), não fazendo separação entre o gênero (masculino ou feminino). Ela entendia a mensagem gnóstica de Jesus, enquanto os homens não haviam penetrado na essência de seu ensinamento. Sua compreensão era muito além dos discípulos, mostrando a importância do desenvolvimento espiritual e não do material; para os discípulos, bem-estar era sinônimo de domínio da matéria, ou seja, reino de Deus exterior. É por isso que a mensagem apocalíptica de Jesus era

---

[143] www.gnosisonline.org/teologia-gnostica/o-que-e-gnose-conceito-basico--de-gnosis/

atraente. Transmitia esperança, no sentido de que "brevemente" seria implantado o reino de Deus na Terra. E a situação se inverteria. No entanto, o que importa, segundo o escritor de O *Evangelho de Maria Madalena* é o autoconhecimento alcançado pela revelação do Cristo. Ela, por alcançar *gnose*, era a **única** capaz de captar a mensagem. Após suas palavras esclarecedoras, a mente deles foi despertada para o bem. É óbvio, que esse entendimento não fora de fácil assimilação, por parte dos discípulos.

Pedro, então, querendo mais esclarecimento sobre as palavras do Mestre, incompreendidas por ele e seus companheiros, pede a Maria:

> **Irmã, nós sabemos que o Mestre te amou "diferentemente" das outras mulheres. Diz-nos as palavras que ele te disse, das quais tu te lembras e das quais nós não tivemos conhecimento...**

Nesta passagem do Evangelho, Pedro se curva à superioridade espiritual de Madalena, reconhecendo que Maria é a mulher que Jesus *amou mais*. O amor aqui deve ser entendido como amor *espiritual* e não amor *erótico*. O *Evangelho de Maria* sugere que a revelação vem da comunicação direta e íntima com o Salvador.

> A insinuação de um relacionamento erótico entre Maria Madalena e ele pode indicar uma reivindicação de *comunhão mística*; em toda história, os místicos de muitas tradições escolheram

metáforas sexuais para descrever suas experiências[144].

O fato é que Jesus *não amou* Maria de forma diferente de outras mulheres ou dos homens. Ele a amava, sendo sua preferida, porque ela "entendia" os ensinamentos dele, como, vimos na máxima de *Pistis Sophia* "alguém cujo coração está voltado para o reino dos céus mais do que qualquer outro de seus irmãos". Pedro, embora reconheça essa condição superior de Maria, posteriormente, irá negar esta posição, talvez pela condição de mulher, de Madalena. Ora, pouco importa se é homem ou mulher o que vale para as leis do Universo, é ter captado o ensinamento do Mestre, por conta da *gnose* alcançada.

No *Evangelho de Maria* (Madalena, naturalmente) talvez estejam as mais claras, como também as mais controvertidas manifestações mediúnicas. Os diálogos ali documentados desenvolvem-se basicamente com o Cristo "póstumo", não "ressurreto" na posse de seu cadáver reanimado pelo milagre, mas o Cristo sobrevivente, na condição espiritual, movimentando-se num corpo sutil estruturado em luz própria, na viva demonstração do que ensinara enquanto acoplado ao corpo físico. A realidade póstuma é, portanto, mediúnica, um intercâmbio entre vivos e mortos, uma continuidade[145].

---

144. PAGELS, Elaine. *Os Evangelhos gnósticos*, p. 19.
145. MIRANDA, Hermínio C.. *O Evangelho gnóstico de Tomé*, p. 51.

O Evangelho de Maria descreve Maria Madalena (jamais reconhecida como apóstola pelos ortodoxos) como tendo sido favorecida por "visões" e "percepções" que ultrapassaram muito as de Pedro.

Para responder a Pedro, Maria Madalena começa a abordar sobre o ensinamento que o Cristo lhe transmitira:

> Então, eu lhe disse: Senhor, no instante, aquele que contempla tua aparição, é pela psique (alma) que ele vê? Ou pela pneuma (o Espírito, Sopro)? O Mestre respondeu: Nem pela Psique nem pelo Pneuma, Mas o *noús* estando entre os dois, e ele que vê e é ele que [...] (faltam as páginas 11-14).

Jesus explica que as **visões** não vêm nem pela alma nem pelo espírito, mas através da **mente**. Os originais do texto param por aí, pois se perderam as páginas 11-14. E aí, não se sabe como ele teria explicado as diferenças entre *alma*, *espírito* e *mente*. Só podemos extrair "ilações" do que ele teria dito.

> O *nous* (mente), que está entre os [outros] dois, é ele que [...] Cabe a cada um preencher estes pontos de reticências, segundo o seu imaginário, ou simplesmente, seus pressupostos antropológicos, capta a visão.

Mas quando o texto é retomado depois de quatro páginas que faltam, "é a alma, não a mente, que passa a ter importância suprema". O que queria dizer, na sequência, Jesus?

Refletindo sobre essa questão LELOUP, ensina:

> O *nous* é aquele que [...] vê;
> É ele que [...] sente;
> É ele que [...] tem intuição;
> É ele que [...] imagina;
> É ele que [...] sabe;
> É ele que [...] conhece;
> É ele que [...] ama...

Ninguém sabe, já que faltam essas páginas (11 a 14) do *Evangelho de Maria*, onde Jesus teria desenvolvido a questão que nos revelasse sua antropologia e os modos possíveis de conhecimento! Só podemos fazer algumas reflexões com os elementos de respostas que nos restam.

> Maria descreve a visão, na qual a alma ascende à sua morada celestial, passando por esfera controlada por forças hostis, decididas a mantê-la aprisionada no mundo da matéria.

Quando preso à matéria é refém dessas forças. A superação do vínculo é luta constante do espírito, no entender dos *gnósticos*, para voltar à morada celestial (vibrações mais sutis no Universo).

No *Evangelho de Maria*, o *nous* não é apresentado como aquilo que há de **divino** no homem, mas como um intermediário, um "entre dois"; entre o mundo do psiquismo (alma) e o mundo espiritual (*pneuma*). É o *pneuma* (o sopro) que, na antropologia do *Evangelho de Maria*, é considerado "divino".[146]

Para o nosso entendimento espírita, Maria era portadora de percepções mediúnicas. Ela, mentalmente, entrava em "sintonia mental" com Jesus, ou com quem estivesse na mesma frequência de seu pensamento.

> Nossa mente é um núcleo de forças inteligentes, gerando plasma sutil que, a exteriorizar-se incessantemente de nós, oferece recursos de objetividade às figuras de nossa imaginação, sob o comando de nossos próprios desígnios.

Assim:

> [...] achando-se a mente na base de todas as manifestações mediúnicas, quaisquer que sejam as características em que se expressem, é imprescindível enriquecer o pensamento, incorporando-lhe os tesouros morais e culturais, os únicos que nos possibilitam fixar a luz que jorra para nós, das esferas mais altas, através dos gênios da sabedoria e do amor que supervisionam nossas experiências.[147]

Um dos poucos textos gnósticos descobertos antes

---

146. LELOUP, Jean-Ives. *O Evangelho de Maria – Miryam de Mágdala*, p. 117.
147. XAVIER, Francisco Cândido/André Luiz. Nos domínios da mediunidade, capítulo 1, p.19.

dos textos de Nag Hammadi, interpreta as aparições da ressurreição como visões recebidas em sonhos ou transes extáticos.

Reporto aqui sua manifestação perante Jesus, quando fala:

> Meu Mestre, entendo que posso me manifestar a qualquer hora para interpretar o que *Pistis Sophia* [o Ser divino que concede a sabedoria] diz, mas tenho medo de Pedro, porque ele me ameaça e detesta o nosso gênero. (Máxima 72).

Já comentei essa revelação de Maria, mas vale a pena repetir: Decodifico a fala de Maria Madalena, como alguém que já alcançara um elevado grau evolutivo e que, com facilidade, podia, a "qualquer hora", conectar com o Ser divino (leis do Universo). Entendo que, sendo ela dotada de excelentes faculdades mediúnicas, estava sempre em "estado de prontidão" o contato (sintonia) com o mundo espiritual. Encontrava, no entanto, "bloqueio emocional", pelo medo imposto por Pedro através de suas emanações negativas. Pelo que se pode extrair da "essência" do texto, era ela dotada de mediunidade pura, que facilitava a harmonia com o Todo, ou com espíritos luminares, sempre quando entrava em sintonia vibracional. Não é o que ocorre com os médiuns mais espiritualizados, em relação à sintonia com os espíritos?

> **Libertada deste terceiro clima, a alma continua a subir. Ela percebe do quarto clima. Este tinha sete**

manifestações. A primeira manifestação é treva; a segunda a cobiça (desejo); a terceira, ignorância; a quarta a inveja mortal.

Na explicação do texto deste Evangelho, a alma enfrenta quatro forças que procuram impedir a ascensão do espírito e procuram mantê-la presa ao mundo da matéria. Que são essas forças?

Trevas – (parte faltante do texto). Aqui se subentende que o espírito está cego espiritualmente, não tendo a capacidade de perceber a verdade. Tudo ainda é tenebroso. Só o tempo se encarregará de retirar as "escamas" que impedem a visão espiritual das coisas. Podemos comparar, aqui, a situação de Saulo, diante da **visão** que tivera de Jesus: imediatamente lhe caíram dos olhos como que umas escamas, e tornou a ver. (At 9:18.) Ver, obviamente, com os olhos da alma!

Desejo (cobiça) – Ultrapassadas as trevas, a alma demonstra que se encontra esclarecida. Vem agora o *desejo*. Este, quando domina a alma, coloca barreiras à conquista do espiritual. Quantos de nós ainda estamos dominados pelos *desejos*? Somos, quando imaturos, escravos dele. A alma, no entanto, pode, pelo esforço próprio, direcionar seus pensamentos para o mundo superior, afinal o desejo não tem poder definitivo sobre ela. Deixar de ser dominado pelos desejos do eu inferior, ainda algemado pela matéria, pela lei da evolução, isto é questão de tempo. Todos, no tempo devido, suplantarão os obstáculos e alcançarão vibrações espirituais mais elevadas.

Ignorância – essa terceira força também conduz o

espírito às amarras da matéria. É, igualmente, uma condição temporária, impermanente. Ignorar é fase da falta de conhecimento, que será também superada com a maturidade de espírito. Todos os espíritos passam pela ignorância. É nesse sentido que os auxiliares de Kardec informam que "os espíritos nascem simples e ignorantes, isto é, sem conhecimento". [148] Sugiro ao leitor ler o livro *Filho de Deus*, em que demonstramos esse processo na figura do Filho Pródigo, da parábola de Lucas.

Ira – esta, pelo que diz o texto de Madalena, tem sete formas (das quais as primeiras três se conformam às forças já enfrentadas pela alma): trevas, desejo, ignorância, desejo de morrer, reino carnal, sabedoria carnal vã e sabedoria dos irados.

Essa força de sete faces da ira pergunta à alma:

> "De onde vens assassina de mortais, e para onde vais, destruidora de mundos?" Como essa força conhece bem a alma! A alma mata o ser humano, ao superá-lo. E destrói mundos, ao superar o mundo material que tentou fazer dela sua refém.

A alma dá uma reposta à altura a essa quarta força:

> O que me prende eu mato, o que me cerca eu destruo, meu desejo se foi, a ignorância morreu. Em um mundo fui libertada através de outro mundo, e em imagem fui libertada por meio de uma

---

148. KARDEC, Allan. *O Livro dos Espíritos*. Q. 115.

imagem celestial. Os grilhões do esquecimento são temporários. De agora em diante descansarei, através das eras, e, no silêncio.

O objetivo do gnóstico é libertar-se do corpo material. Com o domínio do espírito sobre a matéria vem a liberação do espírito. A alma não fica mais restrita pelo desejo, nem perturbada pela ignorância. Liberta-se das paixões corporais, não recebendo este ensinamento do mundo material presente, mas da sua verdadeira imagem espiritual. E assim, conhecendo-se a si mesmo, desveste-se do conhecimento temporário, retornando à pátria espiritual.

Em outras palavras: o ser humano – segundo a visão gnóstica –, é o artífice de sua própria libertação. Assim, uma vez aprisionado à matéria, deve expender todo o esforço para desenvolver o potencial, já que é portador da centelha divina. Para a consecução desse objetivo, mais importante que conhecer o mundo, é conhecer a si mesmo, dado que aí se aprende a conhecer Deus.[149]

Esta questão da "visão" de Maria Madalena tem produzido muitas interpretações por conta da crença de cada um. Para os gnósticos – e Madalena era uma deles – não houve nenhuma ressurreição do corpo físico de Jesus.

---

149. BOBERG, José Lázaro. *O Evangelho de Judas*, capítulo 4.

O Cristo ressuscitado sabia que poucos seriam capazes de compreender e ensinou-lhes a compreender a ressurreição em termos espirituais, e não na corporeidade.[150]

A teoria da ressurreição do corpo físico não aconteceu, a ponto de os cristãos gnósticos chamarem a concepção literal da ressurreição de **fé dos tolos**. A ressurreição – insistiam eles – não era um evento do passado: ao contrário, simbolizava como a presença do Cristo poderia ser vivenciada no presente. O que importava não era a **visão** literal e, sim, a espiritual. Então, todos podem encontrar o Cristo no nível da *vivência interna*. Não se pode, portanto, admitir racionalmente a ressurreição da carne a não ser como uma figura que "simboliza" o fenômeno da reencarnação, e então não há nada mais em choque com a razão, nada que esteja em contradição com os dados da ciência.

A pergunta de Maria Madalena a Jesus sobre como ocorre essa **visão** é de suprema importância, pois foi a partir daí que, efetivamente, surgiu o cristianismo. Eis porque os historiadores afirmarem que, através dessa **visão**, ela pode ser a fundadora do cristianismo. Um **único** evento ocorrido no passado, a ressurreição do corpo, sedimentou a ideia de que Jesus ressuscitara de corpo e alma. Para vários pensadores gnósticos "ela teve apenas uma *visão*". O autor de *O Evangelho de Maria* interpreta as aparições da ressurreição como "visões" recebidas em sonhos ou transes extáticos.[151]

---

150 PAGEL, Elaine. *Os Evangelhos gnósticos*, p. 24.
151. Idem, ibidem, p. 11.

Foi por conta dessa visão que, segundo o *Evangelho de Maria Madalena*, está registrado a sua pergunta: "Como aquele que vê uma aparição enxerga"? [Através] da alma, [ou] através do espírito? Ao que Jesus respondeu que os visionários percebem através da mente. Então, podemos, como explica a doutrina espírita, ter visões, não só do Cristo, mas de qualquer outra imagem que a mente produz, ou capta por sintonia vibracional. [152] Kardec afirma que todos somos espíritos, vivendo em planos diferentes da vida e estamos mergulhados na atmosfera fluídica que nos rodeia e serve de elemento de contato; portanto, podemos nos comunicar com o mundo espiritual frequentemente, seja através da mediunidade ostensiva consciente, dos fenômenos inconscientes, das preces ou intuições que recebemos, constantemente, do mundo espiritual.

TERCEIRA SUBDIVISÃO:
REAÇÃO MASCULINA À REVELAÇÃO DE MARIA MADALENA

> Os discípulos debatem a visão que Maria Madalena teve de Jesus na sua ressurreição e o questionamento dos discípulos, quanto à veracidade de tal acontecimento. Duvidam que ele teria aparecido primeiro a uma mulher! Dá para confiar nesta revelação? André e Pedro não aceitam. Levi socorre Madalena na sua revelação. O evangelho termina aí, com os discípulos saindo pregar a Boa-Nova.

---
152. Para compreender essa mecânica da mente, leia *Peça e receba – o Universo conspira a seu favor*.

Pelas anotações realizadas até aqui, é patente a posição superior de Maria Madalena em relação aos seus pares, no ministério de Jesus. Para o Mestre, era ela a única, entre os apóstolos, que alcançara a *gnose*, constituindo-se na sua preferida. Atingira a autocompreensão do caminho para a libertação da matéria e a volta ao plano espiritual. Isto causava inveja entre eles. Afinal, ela era uma mulher! Como pôde Jesus tê-la preferido a um deles, para liderar o movimento da Boa-Nova? Não entendiam que a liderança se conquista por méritos próprios e não apenas por mera "indicação". Tê-la escolhido para receber o seu "ensinamento", foi fruto de sua evolução espiritual, da acuidade de percepção, que eles ainda não tinham alcançado. Em outras palavras, não tinham ainda alcançado a *gnose* e, portanto, não entendiam certas revelações. Aqui, encaixa-se a citação utilizada por Jesus: "Veja quem tem olhos de ver" e "Ouça quem tem ouvidos de ouvir". Ver e ouvir em "espírito" é diferente de enxergar e ouvir, apenas com os olhos e ouvidos "materiais".

Por conta dessa distância espiritual dela, em se comparando com os discípulos, obviamente, surgiriam ciúmes de toda ordem, principalmente numa sociedade machista como o povo judeu. Trava-se, então, uma batalha verbal motivada pela ignorância deles.

> André, então, tomou a palavra e dirigiu-se a seus irmãos: "O que pensais vós do que ela acaba de contar? De minha parte, eu não acredito que o Mestre tenha falado assim; estes pensamentos di-

ferem daqueles que nós conhecemos". Pedro ajuntou: "Será possível que o Mestre tenha conversado assim, com uma mulher, sobre os segredos que nós mesmos ignoramos? Devemos mudar os nossos hábitos; escutarmos todos esta mulher? Será que ele verdadeiramente a escolheu e a preferiu a nós"?

O primeiro a levantar a voz foi André, discordando de que o Mestre tenha falado do modo que Maria Madalena lhes informara. Instiga os companheiros dizendo: "Podem pensar o que quiserem, mas não acredito que Jesus tenha dito isso. Esses pensamentos diferem daqueles que nós conhecemos". São ideias estranhas! Aqui denota ele ser contrário à mudança. Ideias novas, nem pensar!

Os pesquisadores afirmam que os apóstolos não eram pessoas letradas, sendo a maioria deles ou, na totalidade, camponeses analfabetos. André não conseguia "entender", faltando-lhe maturidade espiritual para apreender assuntos de profundas reflexões, como as que Maria Madalena já possuía. Então, o que se poderia esperar de um homem, como ele, que não atingira o autoconhecimento suficiente para "captar" o teor do ensinamento, se ainda estava restrito à própria ignorância? Para alcançar a libertação do jugo da matéria, e, portanto, o nascimento do reino de Deus na intimidade, era preciso muito mais do que ele possuía. O tema era muito filosófico para ele. Reclama ele: "estes pensamentos diferem daqueles que nós conhecemos".

Atente-se que já me referi à ideia que eles tinham da

implantação do reino de Deus, como algo externo que ocorreria a qualquer momento, quando Deus tomaria as rédeas do seu povo. Era isso que eles e seus companheiros entendiam. Estava ainda, por conta da ignorância, preso ao "espírito de manada". Ah! Alguém vai fazer por mim. E, nesse caso, era melhor entregar nas mãos de um utópico Deus apocalíptico...

> Elucide-se que, ratificando tudo que escrevemos sobre o assunto, de que para *Os Evangelhos gnósticos*, o reino não é algo que possa ser indicado fora de alguém; é interior. E também dentro dos outros (por isso está também "fora de vós"). Conhecendo-nos, sabendo bem quem somos, podemos entender o reino interior. Aqueles que têm essa *gnose* são filhos de Deus (estão em alinhamento com as leis do Universo). Quem não a possui permanece na pobreza. Isso se aplica ao *Evangelho de Maria Madalena* também. Deve-se seguir a chama oculta (o filho da Humanidade), que está em nós para atingir a salvação, e "aqueles que o buscam encontrarão". [153]

Veja, agora, o entendimento oposto defendido pelos cristãos *apocalípticos* e que era visão dos Evangelhos canônicos. Nele, Jesus era um deles. Esse ensinamento dos gnósticos (reino de Deus na intimidade) se choca com essas visões apocalípticas do Jesus dos Evangelhos canônicos. Lembremo-nos de que João Batista e Paulo eram apocalípticos.

---
153. Segundo Bart Ehrman, opus cit., pp. 352-353.

Eles achavam que Deus criou este mundo material; insistiam em que ele também redimirá e que seu reino virá para o mundo em que vivemos. Não é um reino interior místico, dentro de cada um de nós. É um reino vindouro, que Deus governará tudo. Veja que confusão danada para a cabeça dos discípulos. Maria era a **única** que entendera a visão gnóstica de que a salvação era algo interno, sob a responsabilidade de cada um.

Atente que, em *O Evangelho de Tomé*, encontrado só em 1945, considerado um texto de primeira geração, portanto, antes dos canônicos (de segunda geração), Jesus ensinava o reino de Deus como algo interior. Por que os canônicos mudaram de opinião? Você não acha estranho?

Pedro, então, não deixa por menos, e, influenciado pelo raciocínio obtuso de André, ridiculariza a ideia de que Maria, de fato, tivera uma visão do Senhor: questionando: "Será possível que o Mestre tenha conversado assim, com uma mulher, sobre os segredos que nós mesmos ignoramos?" Transmitiu seus conhecimentos a ela, e nos ignorou? "Ele a preferiu a nós?" Na realidade, ele e seus companheiros não tinham entendimento nenhum sobre a *salvação*, sob esta ótica gnóstica, significando libertação interna. Ele preferiu Madalena (uma mulher!) e não a nós os discípulos homens? Não há, obviamente, qualquer sentido de que ele a tenha escolhido, por ser mulher! A escolha seletiva por ela, não tem nada com relação a gênero (masculino ou feminino), mas com capacidade dela. Ela já desenvolvera a *gnose*, eles não.

Entende-se, então, que esse era o motivo principal da "ciumeira" deles por Maria Madalena. Encaixa-se aqui, a título de comparação entre Maria Madalena e os discípulos, a *história do vaga-lume*. Você conhece?

> Era uma vez uma cobra que perseguia um vaga-lume que nada mais fazia do que simplesmente brilhar.
> Ele fugia rápido com medo da feroz predadora e a cobra nem pensava em desistir.
> Fugiu um dia, dois dias, mais outro e nada.
> No terceiro dia, já sem forças, o vaga-lume parou e disse à cobra:
> – Posso fazer três perguntas? – disse o vaga-lume.
> – Pode. Não costumo abrir esse precedente para ninguém, mas já que vou te devorar, pode perguntar.
> – Pertenço a sua cadeia alimentar?
> – Não.
> – Te fiz alguma coisa?
> – Não.
> – Então por que você quer me comer?
> – Porque não suporto ver você **brilhar**...

Ela, tal como o vaga-lume, brilhava... Alcançara percepção mais apurada em relação aos apóstolos (todos, homens). Era a mais espiritual de todos. Cristo *preferiu*, sim, Madalena para transmitir a "revelação" de seus pensamentos, em particular, sem o conhecimento deles. Eles ainda não compreendiam. Deixou para ela, a responsabilidade de passar a eles, no tempo devido, a verdade sobre a salvação. Ratificando, André confessa que "estes pensamentos diferem daqueles que nós conhecemos". São ideias estranhas para ele!

Recordemos que, em *O diálogo do Salvador*, Jesus glorifica Madalena, não apenas como "visionária", mas como apóstola que supera todos os outros. Ele fala dela como mulher que compreendera o Todo". Em *Pistis Sophia* – Máxima 17 –, ele exalta, abertamente, Maria Madalena, pois, "é alguém cujo coração está voltado para o reino dos céus mais do que qualquer outro de seus irmãos". E diz mais ainda – Máxima 19 –: *"Tu és abençoada mais do que todas as mulheres na Terra, porque serás a plenitude de todas as plenitudes e a perfeição de todas as perfeições."*

O interessante é que os comentários de Pedro contradizem o que ele mesmo manifestara antes, quando pediu que ela revelasse o que o Cristo tinha lhe dito em particular:

> Irmã, nós sabemos que o Mestre te amou "diferentemente" das outras mulheres. Dize-nos as palavras que ele te disse, das quais tu te lembras e das quais nós não tivemos conhecimento...

Agora que ela revelou tudo sobre a implantação do reino de Deus, não na Terra, mas na *intimidade*, "bagunçou" sua cabeça, e, não entendendo nada, volta atrás e resolve insurgir-se contra Madalena, recusando-se a aceitar que Jesus teria passado essa revelação a ela, e não aos homens. Ora, o que tem o sexo com relação ao desenvolvimento espiritual? Vale aqui anotar a afirmação dos interlocutores de Kardec, na questão 200, de *O Livro dos Espíritos:* "Os Espíritos não têm sexo, como o entendeis, porque os sexos dependem da constituição orgânica". Madalena era, sim, a escolhida; ela conhecia o Todo.

Maria já se manifestara anteriormente, com relação à grosseria de Pedro. Importante aqui é repetir sua reação: "Meu Mestre, entendo que posso me manifestar a qualquer hora para interpretar o que *Pistis Sophia* [o Ser divino que concede a sabedoria] diz, mas tenho medo de Pedro, porque ele me ameaça e detesta o nosso gênero" (Máxima 72). Agora ela, no *Evangelho de Maria,* aparece chorando. Então, pergunta a Pedro:

> **Irmão Pedro, que é que tu tens na cabeça? Crês que eu sozinha, na minha imaginação, inventei esta visão, ou que, a propósito de nosso Mestre, eu disse mentiras?**

Seja qual for a resposta de Pedro, ele está errado. Maria Madalena representa, conforme anotações nesses Evangelhos gnósticos, a que melhor entendeu a revelação de Jesus. Não tinha interesse algum de mentir a ele e aos seus companheiros.

Na defesa de Maria, uma voz ecoa. Era Levi – Mateus, a quem é atribuído um dos quatro evangelhos –, que tomando as suas dores, coloca fim na discussão, dizendo:

> **Pedro, tu sempre foste irascível; vejo-te agora te encarniçar contra a mulher, como fazem nossos**

> adversários. Pois bem! Se o Mestre a tornou digna, quem és tu para rejeitá-la? Seguramente, o Mestre a conhece muito bem... Ele a amou mais que a nós.

O argumento expendido por Levi tem importância fundamental para encerrar a discussão. Pedro que tinha fama de "esquentado", de "cabeça dura", é chamado à atenção, pela forma como tratava Madalena. Ela não podia ser tratada como inimiga tal quais os adversários. Afirma mais: Se o Mestre a "tornou digna", quem era ele, Pedro, para contra-argumentar? Seguramente, o Mestre conhecera profundamente o estágio de sua alma evoluída, entendendo estar muito à frente deles. Complementa dizendo: seguramente "ele a amou muito mais que a nós". No exercício do magistério, não há alunos que se destacam pela inteligência e a quem o professor ama mais, embora ame a todos? Fora Levi (Mateus), que advogou o interesse de Maria Madalena, os demais discípulos parecem continuar meio obtusos (broncos). Então, o Cristo, ao escolher Maria como discípula mais espiritual, ele demonstra que não só "amou mais do que qualquer outra mulher", mas também que a "amou mais do que amou os discípulos". Maria é exaltada por ele, pois ela é uma verdadeira gnóstica, espírito livre, que, vencendo as barreiras da matéria, retornará ao mundo espiritual.

Filosófica foi a resposta de Jesus aos discípulos, no Evangelho de Filipe, quanto ao amor dele em relação à Maria Madalena, ensinando que a superioridade do ser humano não é óbvia aos olhos, mas oculta. Ele a amava mais que a todos os discípulos, manifestando seu carinho, beijando-a com frequência... Por isso os discípulos chegaram a sentir-se "ofendidos" e a manifestar-lhe sua desaprovação, interpelando-o. Então, os discípulos perguntam: "Por que tu a amas mais do que a todos nós?" A resposta, apesar de um tanto enigmática, parece indicar que os discípulos testemunham o óbvio, mas não "percebem" implicações mais profundas. Jesus responde:

> Quando um cego e um vidente estão juntos na escuridão, eles não são diferentes um do outro; quando a luz se faz, porém, o que enxerga verá luz, e o cego permanecerá na escuridão.

E continua ele:

> **Arrependamo-nos, e nos tornemos o Ser humano (Anthropos) em sua inteireza; Deixemos lançar raízes em nós e cresçamos como ele pediu. Partamos a anunciar o Evangelho sem procurar estabelecer regras e outras leis afora aquela da qual ele foi o testemunho.**

Depois que Levi pronunciou estas palavras, eles se puseram a caminho para anunciar o Evangelho.

Após "puxar a orelha" de Pedro, Levi conclama os companheiros que sejam humildes e humanos. Que desenvolvam, assim, os valores eternos da alma, com a implantação do reino de Deus, em si mesmos, e ensinando essa revelação a todos. Arrependamo-nos e procuremos nos esforçar para desenvolver a *inteireza* de nosso potencial. Este potencial representa as "raízes" divinas a serem trabalhadas, em buscas infinitas pelo aperfeiçoamento. Devem proclamar a boa-nova da salvação, sem estabelecer regra nem lei fora do que o Cristo ordenou. Encerrando o *Evangelho de Maria Madalena*, os discípulos saem a pregar e a ensinar o Evangelho, provavelmente essa mensagem que Maria havia ensinado.

APÊNDICE 1

Texto de Humberto de Campos, sobre Maria Madalena, constante na lição 20, do livro *Boa-Nova*, FEB*

Maria de Magdala ouvira as pregações do Evangelho do Reino, não longe da Vila principesca "[...] **onde vivia entregue a prazeres, em companhia de patrícios romanos [...]**", e tomara-se de admiração profunda pelo Messias.

Que novo amor era aquele apregoado aos pescadores singelos por lábios tão divinos? **Até ali, caminhara ela sobre as rosas rubras do desejo, embriagando-se com o vinho de condenáveis alegrias.** No entanto, seu coração estava sequioso e em desalento. Jovem e formosa,

---

* Este apêndice 1 é uma citação do livro de Francisco Cândido Xavier *Boa nova* (Rio de Janeiro, FEB, 20ª edição).

emancipara-se dos preconceitos férreos de sua raça; **sua beleza lhe escravizara aos caprichos de mulher os mais ardentes admiradores; mas seu espírito tinha fome de amor**. O profeta nazareno havia plantado em sua alma novos pensamentos. Depois que lhe ouvira a palavra, observou que as facilidades da vida lhe traziam agora um tédio mortal ao espírito sensível. As músicas voluptuosas não encontravam eco em seu íntimo, os enfeites romanos de sua habitação se tornaram áridos e tristes. Maria chorou longamente, embora não compreendesse ainda o que pleiteava o profeta desconhecido. Entretanto, seu convite amoroso parecia ressoar-lhe nas fibras mais sensíveis de mulher. Jesus chamava os homens para uma vida nova.

Decorrida uma noite de grandes meditações e antes do famoso banquete em Naim, (Lc) **onde ela ungiria publicamente os pés de Jesus com os bálsamos perfumados de seu afeto, notou-se que uma barca tranquila conduzia a pecadora a Cafarnaum.** Dispusera-se a procurar o Messias, após muitas hesitações. Como a receberia o Senhor, na residência de (Simão)? **Seus conterrâneos nunca lhe haviam perdoado o abandono do lar e a vida de aventuras. Para todos, era ela a mulher perdida que teria de encontrar a lapidação na praça pública**. Sua consciência, porém, lhe pedia que fosse. Jesus tratava a multidão com especial carinho. **Jamais lhe observara qualquer expressão de desprezo para com as numerosas mulheres de vida equívoca que o cercavam**. Além disso, sentia-se seduzida pela sua generosidade. Se possível, desejaria trabalhar na execução de suas ideias puras e redentoras. Propunha-se a amar, como Jesus amava, sentir com os seus sentimentos sublimes. **Se necessário, saberia renunciar a tudo. Que lhe valiam as joias, as flores raras, os banquetes suntuosos, se, ao fim de tudo isso, conservava a sua sede de amor?!...**

Envolvida por esses pensamentos profundos, Maria de Magdala penetrou o umbral da humilde residência de Simão Pedro, onde Jesus parecia esperá-la, tal a bondade com que a recebeu num grande sorriso. A recém-chegada sentou-se com indefinível emoção a estrangular-lhe o peito.

Vencendo, porém, as suas mais fortes impressões, assim falou, em voz súplice, feitas as primeiras saudações:

– Senhor, ouvi a vossa palavra consoladora e venho ao vosso encontro!... Tendes a clarividência do Céu e podeis adivinhar como tenho vivido! **Sou uma filha do pecado. Todos me condenam.** Entretanto, Mestre, observai como tenho sede do verdadeiro amor!... Minha existência, como todos os prazeres, tem sido estéril e amargurada...

As primeiras lágrimas lhe borbulharam dos olhos, enquanto Jesus a contemplava, com bondade infinita. Ela, porém, continuou:

– Ouvi o vosso amoroso convite ao Evangelho! Desejava ser das vossas ovelhas; mas, será que Deus me aceitaria?

O profeta nazareno fitou-a, enternecido, sondando as profundezas de seu pensamento, e respondeu, bondoso:

– Maria, levanta os olhos para o céu e regozija-te no caminho, porque escutaste a boa-nova do reino e Deus te abençoa as alegrias! Acaso, poderias pensar que alguém no mundo estivesse condenado ao pecado eterno? Onde, então, o amor de nosso Pai? Nunca viste a primavera das flores sobre uma casa em ruínas? As ruínas são as criaturas humanas; porém, as flores são as esperanças em Deus. Sobre todas as falências e desventuras próprias do homem, as bênçãos paternais de Deus descem e chamam. Sentes hoje esse novo Sol a iluminar-te o destino! Caminha agora, sob a sua luz, porque o amor cobre a multidão dos pecados. (1Pedro)

A **pecadora de Magdala** escutava o Mestre, bebendo-lhe as palavras. Homem algum havia falado assim à sua alma incompreendida. Os mais levianos lhe pervertiam as boas inclinações, os aparentemente virtuosos a desprezavam sem piedade. Engolfada em pensamentos confortadores e ouvindo as referências de Jesus ao amor, Maria acentuou, levemente:

– No entanto, Senhor, tenho amado e tenho sede de amor!...

– Sim – redarguiu Jesus –, tua sede é real. O mundo viciou todas as fontes de redenção e é imprescindível compreenda que em suas sendas a virtude tem de marchar por uma porta muito estreita (Lc). Geralmente, um homem deseja ser bom como os outros, ou honesto como os demais, olvidando que o caminho onde todos passam é de fácil acesso e de marcha sem edificações. A virtude no mundo foi transformada na porta larga da conveniência própria. Há os que amam os que lhes pertencem ao círculo pessoal, os que são sinceros com os seus amigos, os que defendem seus familiares, os que adoram os deuses do favor. O que verdadeiramente ama, porém, conhece a renúncia suprema a todos os bens do mundo e vive feliz, na sua senda de trabalhos para o difícil acesso às luzes da redenção. O amor sincero não exige satisfações passageiras, que se extinguem no mundo com a primeira ilusão; trabalha sempre, sem amargura e sem ambição, com os júbilos do sacrifício. Só o amor que renuncia sabe caminhar para a vida suprema!...

Maria o escutava, embevecida. Ansiosa por compreender inteiramente aqueles ensinos novos, interrogou atenciosamente:

– Só o amor pelo sacrifício poderá saciar a sede do coração?

Jesus teve um gesto afirmativo e continuou:

– Somente o sacrifício contém o divino mistério da vida. Viver bem é saber imolar-se. Acreditas que o mundo pudesse manter o equilíbrio próprio tão só com os caprichos antagônicos e por vezes criminosos dos que se elevam à galeria dos triunfadores? Toda luz humana vem do coração experiente e brando dos que foram sacrificados. Um guerreiro coberto de louros ergue os seus gritos de vitória sobre os cadáveres que juncam o chão; mas, apenas os que tombaram fazem bastante silêncio, para que se ouça no mundo a mensagem de Deus. O primeiro pode fazer a experiência para um dia; os segundos constroem a estrada definitiva na eternidade.

Na tua condição de mulher, já pensaste no que seria o mundo sem as mães exterminadas no silêncio e no sacrifício? Não são elas as cultivadoras do jardim da vida, onde os homens travam a batalha?!... Muitas vezes, o campo enflorescido se cobre de lama e sangue; entretanto, na sua tarefa silenciosa, os corações maternais não desesperam e reedificam o jardim da vida, imitando a Providência Divina, que espalha sobre um cemitério os lírios perfumados de seu amor!.

Maria de Magdala, ouvindo aquelas advertências, começou a chorar, a sentir no íntimo o deserto da mulher sem filhos. Por fim, exclamou:

– Desgraçada de mim, Senhor, que não poderei ser mãe!…

Então, atraindo-a brandamente a si, o Mestre acrescentou:

– E qual das mães será maior aos olhos de Deus? A que se devotou somente aos filhos de sua carne, ou a que se consagrou, pelo espírito, aos filhos das outras mães?

Aquela interrogação pareceu despertá-la para meditações mais profundas. Maria sentiu-se amparada por uma energia interior diferente, que até então desconhecera. A palavra de Jesus lhe honrava o espírito; convidava-a a ser mãe de seus irmãos em humanidade, aquinhoando-os com os bens supremos das mais elevadas virtudes da vida. Experimentando radiosa felicidade em seu mundo íntimo, contemplou o Messias com os olhos nevoados de lágrimas e, no êxtase de sua imensa alegria, murmurou comovidamente:

– **Senhor, doravante renunciarei a todos os prazeres transitórios do mundo, para adquirir o amor celestial que me ensinastes!…** Acolherei como filhas as minhas irmãs no sofrimento, procurarei os infortunados para aliviar-lhes as feridas do coração, estarei com os aleijados e leprosos…

Nesse instante, Simão Pedro passou pelo aposento, demandando o interior, e a observou com certa estranheza. A convertida de Magdala lhe sentiu o olhar glacial, quase denotando desprezo, e, já receosa de um dia perder a convivência do Mestre, perguntou com interesse:

– Senhor, quando partirdes deste mundo, como ficaremos?

Jesus compreendeu o motivo e o alcance de sua palavra e esclareceu:

– Certamente que partirei, mas estaremos eternamente reunidos em espírito. Quanto ao futuro, com o infinito de suas perspectivas, é necessário que cada um tome sua cruz, em busca da porta estreita da redenção, colocando acima de tudo a fidelidade a Deus e, em segundo lugar, a perfeita confiança em si mesmo.

Observando que Maria, ainda opressa pelo olhar estranho de Simão Pedro, se preparava a regressar, o Mestre lhe sorriu com bondade e disse:

– Vai, Maria!... Sacrifica-te e ama sempre. Longo é o caminho, difícil a jornada, estreita a porta; mas, a fé remove os obstáculos... Nada temas: é preciso crer somente! (Mc)

Mais tarde, depois de sua gloriosa visão do Cristo ressuscitado, (Mc, 16:9) Maria de Magdala voltou de Jerusalém para a Galileia, seguindo os passos dos companheiros queridos.

A mensagem da ressurreição espalhara uma alegria infinita.

Após algum tempo, quando os apóstolos e seguidores do Messias procuravam reviver o passado junto ao

Tiberíades, os discípulos diretos do Senhor abandonaram a região, a serviço da Boa-Nova. Ao disporem-se os dois últimos companheiros a partir em definitivo para Jerusalém, Maria de Magdala, temendo a solidão da saudade, rogou fervorosamente lhe permitissem acompanhá-los à cidade dos profetas; ambos, no entanto, se negaram a anuir aos seus desejos. Temiam-lhe o pretérito de pecadora, não confiavam em seu coração de mulher. Maria compreendeu, mas lembrou-se do Mestre e resignou-se.

Humilde e sozinha **resistiu a todas as propostas condenáveis que a solicitavam para uma nova queda de sentimentos.** Sem recursos para viver, trabalhou pela própria manutenção, em Magdala e Dalmanuta. Foi forte nas horas mais ásperas, alegre nos sofrimentos mais escabrosos, fiel a Deus nos instantes escuros e pungentes. De vez em quando, ia às sinagogas, desejosa de cultivar a lição de Jesus; mas as aldeias da Galileia estavam novamente subjugadas pela intransigência do judaísmo. Ela compreendeu que palmilhava agora o caminho estreito, onde ia só, com a sua confiança em Jesus. Por vezes, chorava de saudade, quando passeava no silêncio da praia, recordando a presença do Messias. As aves do lago, ao crepúsculo, vinham pousar, como outrora, nas alcaparreiras mais próximas; o horizonte oferecia, como sempre, o seu banquete de luz. Ela contemplava as ondas mansas e lhes confiava suas meditações.

Certo dia, um grupo de leprosos veio a Dalmanuta. Procediam da Idumeia aqueles infelizes, cansados e tristes, em supremo abandono. Perguntavam por Jesus

Nazareno, mas todas as portas se lhes fechavam. Maria foi ter com eles e, sentindo-se isolada, com amplo direito de empregar a sua liberdade, reuniu-os sob as árvores da praia e lhes transmitiu as palavras de Jesus, enchendo-lhes os corações das claridades do Evangelho. As autoridades locais, entretanto, ordenaram a expulsão imediata dos enfermos. A grande convertida percebeu tamanha alegria no semblante dos infortunados, em face de suas fraternas revelações a respeito das promessas do Senhor, que se pôs em marcha para Jerusalém, na companhia deles. Todo o grupo passou a noite ao relento, mas sentia-se que os júbilos do reino de Deus agora os dominavam. Todos se interessavam pelas descrições de Maria, devoravam-lhe as exortações, contagiados de sua alegria e de sua fé. Chegados à cidade, foram conduzidos ao vale dos leprosos, que ficava distante, onde Madalena penetrou com espontaneidade de coração. Seu espírito recordava as lições do Messias e uma coragem indefinível se assenhoreara de sua alma.

Dali em diante, todas as tardes, a mensageira do Evangelho reunia a turba de seus novos amigos e lhes dizia o ensinamento de Jesus. Rostos ulcerados enchiam-se de alegria, olhos sombrios e tristes tocavam-se de nova luz. Maria lhes explicava que Jesus havia exemplificado o bem até à morte, ensinando que todos os seus discípulos deviam ter bom ânimo para vencer o mundo. Os agonizantes arrastavam-se até junto dela e lhe beijavam a túnica singela. A filha de Magdala, lembrando o amor do Mestre, tomava-os em seus braços fraternos e carinhosos.

Em breve tempo, sua epiderme apresentava, igualmente, manchas violáceas e tristes. Ela compreendeu a sua nova situação e recordou a recomendação do Messias de que somente sabiam viver os que sabiam imolar-se. E experimentou grande gozo, por haver levado aos seus companheiros de dor uma migalha de esperança. Desde a sua chegada, em todo o vale se falava daquele reino de Deus que a criatura devia edificar no próprio coração. Os moribundos esperavam a morte com um sorriso ditoso nos lábios, os que a lepra deformara ou abatera guardavam bom ânimo nas fibras mais sensíveis.

Sentindo-se ao termo de sua tarefa meritória, Maria de Magdala desejou rever antigas afeições de seu círculo pessoal, que se encontravam em Éfeso. Lá estavam João e Maria além de outros companheiros dos júbilos cristãos. Adivinhava que as suas últimas dores terrestres vinham muito próximas; então, deliberou pôr em prática seu humilde desejo.

Nas despedidas, seus companheiros de infortúnio material vinham suplicar-lhe os derradeiros conselhos e recordações. Envolvendo-os no seu carinho, a emissária do Evangelho lhes dizia apenas:

– Jesus deseja intensamente que nos amemos uns aos outros e que participemos de suas divinas esperanças, na mais extrema lealdade a Deus!…

Dentre aqueles doentes, os que ainda se equilibravam pelos caminhos lhe traziam o fruto das esmolas escassas e as crianças abandonadas vinham beijar-lhe as mãos.

Na fortaleza de sua fé, **a ex-pecadora abandonou o vale**, através das estradas ásperas, afastando-se de misérrimas choupanas. A peregrinação foi-lhe difícil e angustiosa. Para satisfazer aos seus intentos recorreu à caridade, sofreu penosas humilhações, submeteu-se ao sacrifício. Observando as feridas pustulentas que substituíam sua antiga beleza, alegrava-se em reconhecer que seu espírito não tinha motivos para lamentações. Jesus a esperava e sua alma era fiel.

Realizada a sua aspiração, por entre dificuldades infinitas, Maria achou-se, um dia, às portas da cidade; mas, invencível abatimento lhe dominava os centros de força física. No justo momento de suas efusões afetuosas, quando o casario de Éfeso se lhe desdobrava à vista, seu corpo alquebrado negou-se a caminhar. Modesta família de cristãos do subúrbio recolheu-a a uma tenda humilde, caridosamente. Madalena pôde ainda rever amizades bem caras, consoante seus desejos. Entretanto, por largos dias de padecimentos debateu-se entre a vida e a morte.

Uma noite, atingiram o auge as profundas dores que sentia. Sua alma estava iluminada por brandas reminiscências e, não obstante seus olhos se acharem selados pelas pálpebras intumescidas, via com os olhos da imaginação o lago querido, os companheiros de fé, o Mestre bem-amado. Seu espírito parecia transpor as fronteiras da eternidade radiosa. De minuto a minuto, ouvia-se-lhe um gemido surdo, enquanto os irmãos de crença lhe rodeavam o leito de dor, com as preces sinceras de seus corações amigos e desvelados.

Em dado instante, observou-se que seu peito não mais arfava. Maria, no entanto, experimentava consoladora sensação de alívio. Sentia-se sob as árvores de

Cafarnaum e esperava o Messias. As aves cantavam nos ramos próximos e as ondas sussurrantes vinham beijar-lhe os pés. Foi quando viu Jesus aproximar-se, mais belo que nunca. Seu olhar tinha o reflexo do céu e o semblante trazia um júbilo indefinível. O Mestre estendeu-lhe as mãos e ela se prosternou, exclamando, como antigamente:

– Senhor!...

Jesus recolheu-a brandamente nos braços e murmurou:

– Maria, já passaste a porta estreita!... Amaste muito! Vem! Eu te espero aqui!

APÊNDICE 2

O *Evangelho de Maria*

(O papiro cóptico do qual as primeiras seis páginas se perderam, começa no meio dos evangelhos)

"... então, a questão será salva ou não?"

O Salvador disse, "Todas as naturezas, todas as coisas formadas, todas as criaturas existem dentro e com um outro e será solucionado novamente em suas próprias raízes, porque a natureza do assunto será dissolvida apenas nas raízes de sua natureza. Aquele que tem ouvidos para ouvir, ouça." [cf. Mt. 11:15, etc.].

Pedro lhe disse "Desde que tu nos explicaste todas as coisas, conte-nos isto: qual é o pecado do mundo? "[cf. Jo:29]. O Salvador disse, "o pecado como tal não existe, mas tu cometes pecado quando fazes o que é da natureza de fornicação, que é chamada 'pecado.' Por esta razão o Bem entrou em seu meio, para a essência de cada natureza, para restabelecê-lo à sua raiz." Ele continuou a dizer, "por isto tu entras na existência e morre [...] todo o que sabe pode saber [...] um sofrimento que não tem semelhante, que surgiu do que é contrário à natureza. Então surge uma perturbação no corpo inteiro. Por isto eu vos disse, tende bom ânimo [cf. Mt. 28:9], e se estiveres desanimado, ainda tem coragem contra as várias formas da natureza. Aquele que tem ouvidos para ouvir, ouça." Quando o Santificado disse isto, ele cumprimentou todos eles, dizendo "a Paz esteja convosco [cf. Jo 14:27]. Recebei minha paz. Prestai atenção para que ninguém vos desvie com as palavras, 'ei-lo, aqui! ' ou 'ei-lo, lá! ' [cf. Mt 24:5-23; Lc 17:21] porque o Filho do Homem está dentro de ti [cf. Lc 17:21]. Siga-o; aqueles que o buscam o acharão [cf. Mt 7:7]. Então, vá e pregue o Evangelho do Reino [cf. Mt 4:23; 9:15; Mc 16:15]. Eu não deixei nenhuma ordem senão o que eu vos ordenei, e eu não vos dei nenhuma lei, como fez o legislador, para que não sejas limitados por ela."

Eles afligiram e lamentaram grandemente, dizendo, "Como nós iremos aos Gentios e pregaremos o Evangelho do Reino do Filho do Homem? Se nem sequer ele foi poupado, como seremos nós?"

Então Maria se levantou e cumprimentou a todos eles e disse aos seus irmãos, "não lamentem ou se aflijam, ou sejam irresolutos, porque sua graça estará com todos vós e os defenderá. Louvemos sua grandeza, porque ele nos preparou e nos fez em homens".

Quando Maria disse isto, os seus corações mudaram para melhor, e eles começaram a discutir as palavras do [Salvador].

Pedro disse à Maria, "Irmã, nós sabemos que o Salvador a amou mais que a outras mulheres [cf. Jo 11:5, Lc 10:38-42]. Conte-nos as palavras do Salvador que tem em mente visto que as conhece; e nós não, nem ouvimos falar delas." Maria respondeu e disse, "o que está oculto de vós dividirei convosco." E ela começou a dizer as seguintes palavras. "Eu", ela disse, "vi o Senhor em uma visão e eu lhe disse, 'Senhor, eu o vi hoje em uma visão'. Ele respondeu e me disse, 'Bendita sois vós, visto que não oscilastes ao me ver. Pois onde a mente está, existe seu semblante' [cf. Mt 6:21]. Eu lhe disse, 'Senhor, a mente que vê a visão, a vê através da alma ou do espírito?' O Salvador respondeu e disse, 'nem vê pela alma nem pelo espírito, mas a mente que está entre os dois, que vê a visão e é...' E o Desejo disse, 'eu não o vi descer;

mas agora eu o vejo subindo. Por que falas falsamente, quando tu pertences a mim?' A alma respondeu e disse, 'eu o vi, mas tu não me viste ou me reconheceste; eu o servi como uma roupa e tu não me reconheceste.' Depois que disse isto, foi alegre e contentemente embora. Novamente veio ao terceiro poder, a Ignorância. Este poder questionou a alma: 'para onde vais? Tu estavas limitado na impiedade, tu eras realmente limitado. Não julguei' [cf. Mt 7:1]. E a alma disse: 'Por que me julgas, quando eu não julguei? Eu estava limitado, entretanto eu não me importei. Eu não fui reconhecido, mas eu admiti que todos se libertarão, coisas terrestres e divinas.' Depois que a alma deixou para trás o terceiro poder, subiu para o alto, e viu o quarto poder, que tinha sete formas. A primeira forma é a escuridão; a segunda, o desejo; a terceira, a ignorância; o quarto o despertar da morte; o quinto é o reino da carne; o sexto é a sabedoria da loucura da carne; o sétimo é sabedoria colérica. Estes são os sete participantes em ira. Eles perguntam à alma, 'De onde vens, assassina de homens, ou aonde vais, conquistador do espaço?' A alma respondeu e disse, 'o que me agarra é morto; o que se volta para mim é superado; meu desejo se acabou e a ignorância está morta. Em um mundo eu fui salva de um mundo, e em um 'tipo', de um 'tipo' mais alto e da corrente da impotência de conhecimento, a existência do que é temporal. Desde agora eu alcançarei descanso no tempo do momento do *Eon* no silêncio."

Quando Maria disse isto, ela ficou em silêncio, visto que o Salvador tinha falado assim com ela. Mas André respondeu e disse aos irmãos, "Dize o que pensas com relação ao que ela disse. Porque eu não acredito que o Salvador disse isto. Porque certamente estes ensinos são de outro tipo."

Pedro também se opôs a ela com respeito a estes assuntos e lhes perguntou pelo Salvador. "Então falou secretamente com uma mulher [cf. Jo 4:27], de preferência a nós, e não abertamente? Nós voltamos e todos a escutaram? Ele a preferiu a nós?" Então Maria afligiu-se e disse a Pedro, "Meu irmão Pedro, o que pensas? pensas que eu pensei isto por mim mesma em meu coração ou que eu estou mentindo com relação ao Salvador?"

Levi respondeu e disse a Pedro, "Pedro, tu és sempre irascível. Agora vejo que disputas contra a mulher como a adversários. Mas se o Salvador a fez merecedora, quem és tu para a rejeitar? Seguramente o Salvador a conheceu muito bem [cf. Lc 10:38-42]. Por isso ele a amou mais que nós [cf. Jo 11:5]. E nós deveríamos estar bastante envergonhados e deveríamos nos revestir do Homem Perfeito, para nos formar [?] como ele nos ordenou, e proclamar o evangelho, sem publicar uma ordem ou uma lei adicional além daquela que o Salvador falou". Quando Levi disse isto, eles começaram a sair para proclamá-lo e pregá-lo.

Fim

REFERÊNCIAS BIBLIOGRÁFICAS

A BÍBLIA DE REFERÊNCIA THOMPSON, *Antigo e Novo Testamento*. 2. ed. Tradução de João Ferreira de Almeida. São Paulo: VIDA, 1993.

ARIAS, Juan. *Madalena – o último tabu do cristianismo*. trad. Olga Savary, 1 ed., Rio de Janeiro: Objetiva, 2005.

BOBERG, José Lázaro. *Da moral social às Leis Morais*, 1.ª reimp, Capivari-SP: EME, 2013.

_____. *Milagre – fato natural ou sobrenatural?* 2. ed. Capivari-SP: EME, 2015.

_____. *O Evangelho de Tomé – o elo perdido*. 4. ed., Santa Luzia-MG: Editora Chico Xavier: 2013.

_____. *Peça e receba – o Universo conspira a seu favor*. 2. Ed. EME, 2015.

DISCOVERY CHANNEL – Documentário sobre Maria Madalena no *Youtube*.

EHRMAN, Bart D. *Como Jesus se tornou Deus*. Trad. Lúcia Brito – São Paulo: Le Ya, 2014.

_____. *Evangelhos Perdidos – As batalhas pela escritura e o cristianismo que não chegamos a conhecer*. Tradução de Eliziane Andrade Paiva. São Paulo: Record, 2008.

_____. *O que Jesus disse? O que Jesus não disse?* Trad. Marcos Marcionilo. São Paulo, Prestígio: 2005.

_____. *Pedro, Paulo e Maria Madalena*. Trad. Celina Falck-Cook. Rio de Janeiro-RJ: Record, 2008.

FRANCO, Divaldo Pereira / Amélia Rodrigues. *Luz do mundo*, 9. ed. Salvador-BA: Leal; 2005.

GUIMARÃES, L. Pessoa. *Vademecum espírita*, 8ª ed. Piracicaba-SP: Boa-Nova: 2011.

HOORNAERT, Eduardo. *Origem do Cristianismo – uma leitura crítica*. 1 ed. Brasília: Editora Ser, 2006.

HOUAISS, Antonio. *Dicionário Eletrônico Houaiss da Língua Portuguesa,* UOL.

LELOUP, Jean-Yves. *O Evangelho de Maria – Miryam de Mágdala*, 1. ed. Petrópolis-RJ: Vozes, 1998.

LUZ, Marcelo da. *Onde a religião termina?* Ed. Foz do Iguaçu-PR: Editares, 2011.

MACK, Burton L. *O Evangelho perdido – O livro de "Q" e as origens cristãs*. Trad. Sérgio Alcides. Rio de Janeiro-RJ: Imago Editora, 1994.

MIRANDA, Hermínio C. *Os cátaros e a heresia católica*. 3. ed. Rio de Janeiro: Lachâtre, 2015.

_____. *O Evangelho gnóstico de Tomé*. 2. ed. Rio de Janeiro: Lachâtre, 1995.

KARDEC, Allan. *A Gênese*. Tradução de Victor Tollendal Pacheco. Apresentação e notas de J. Herculano Pires. 20 ed. São Paulo: LAKE, 2001.

_____. *Obras Póstumas*. Tradução de João Teixeira de Paula. 12 ed. São Paulo-SP: Lake. 1998.

_____. *O Evangelho segundo o Espiritismo*. Tradução de Matheus Rodrigues de Camargo, 9. ed. Capivari-SP, EME, 1994.

_____. *O Livro dos Espíritos*. Trad. Evandro Noleto Bezerra. 1. Ed. Comemorativa, Rio de Janeiro: FEB, 2006.

_____. *O Livro dos Médiuns*. Trad. ed. São Paulo SP: Lake. 1998.

PAIGEL, Elaine. *Além de toda crença*. Tradução de Manoel Paulo Ferreira – Rio de Janeiro: Objetiva, 2003.

_____. *Os Evangelhos gnósticos*. Tradução Marisa Motta. Rio de Janeiro: Objetiva, 1979.

KNIGHT, JZ. *Quem somos nós?* 1. ed. Rio de Janeiro: Prestígio, 2005.

RHODEN, Huberto. *Sabedoria das parábolas*, 2.ª parte Místicas das beatitudes. 12. ed. São Paulo: Martin Claret, 1997.

XAVIER, Francisco Cândido / André Luiz. *Nos domínios da mediunidade*, 21. ed. Rio de Janeiro: FEB: 1993.

XAVIER, Francisco Cândido / Emmanuel. *Caminho, verdade e vida*, 1. ed. 8.ª impressão, Brasília-DF: FEB, 2014.

_____. *Justiça divina*, 13. ed. 2.ª impressão, Brasília-DF: FEB, 2010.

_____. *Livro da esperança*, 22. ed. Uberaba-MG;CEC, 2005.

_____. *Palavras de vida eterna*, 35. ed., Uberaba-MG; CEC, 2005.

_____. *Pão nosso*, 1. ed. 7.ª impressão, Brasília-DF: FEB, 2014.

_____. *Pensamento e vida*, 6. ed., Rio de Janeiro: FEB, 2010.

_____. *Religião dos espíritos*, 21 ed., Rio de Janeiro: FEB, 2008.

_____. *Seara dos médiuns*, 18. ed. Rio de Janeiro: FEB, 2005.

_____. *Roteiro*, 22. ed., Rio de Janeiro: FEB, 2005.

XAVIER, Francisco Cândido / Humberto de Campos. *Boa Nova*, 37. ed. Rio de Janeiro: FEB: 1995.

WELBORN, Amy. *Decodificando Maria Madalena*. Trad. Rosane Albert. 11. ed. SÃO PAULO: Cultrix, 2014.

CONHEÇA DO MESMO AUTOR

O evangelho de Judas
José Lázaro Boberg
Estudo • 14x21 • 208pp.

Um trabalho audacioso onde José Lázaro Boberg faz uma análise crítica da vida de Judas Iscariotes baseando-se nos recém-descobertos escritos denominados evangelho de Judas. O autor reflete sobre o verdadeiro papel deste apóstolo na passagem de Jesus pelo planeta Terra. Afinal, Judas é um traidor ou um herói?

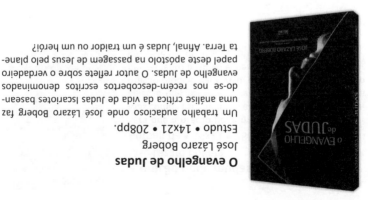

Seja você mesmo:
O desafio do autodomínio
José Lázaro Boberg
Autoajuda • 14x21 • 200pp.

O escritor José Lázaro Boberg nos mostra que Deus existe dentro de cada uma das Suas criaturas. Quando o ser humano se conscientizar de sua força interna e buscar dentro de seu eu profundo os elementos para sua ascensão espiritual, conseguirá dar um salto em sua caminhada evolutiva.

Peça e receba:
O Universo conspira a seu favor
José Lázaro Boberg
Autoajuda • 16x22,5 • 248pp.

José Lázaro Boberg reflete sobre a força do pensamento, com base nos estudos desenvolvidos pelos físicos quânticos, que trouxeram um volume extraordinário de ensinamentos a respeito da capacidade que cada ser tem de construir sua própria vida, amparando-se nas leis do Universo.

CONHEÇA DO MESMO AUTOR

A oração pode mudar sua vida
José Lázaro Boberg
Autoajuda • 14x21 • 280pp.

Será que a oração pode mesmo mudar minha vida? Mas como? Este livro nos ensina a diferença entre religião e religiosidade, a verdadeira interpretação da oração-modelo Pai Nosso, como também o poder do pensamento positivo e a existência do Cristo Interior em cada um de nós.

O código penal dos espíritos
José Lázaro Boberg
Autoajuda • 14x21 • 192pp.

Explica o segredo da lei de atração, pela visão espírita. Segundo o autor, "Deus é uma força magnética, atraindo a todos à medida que o espírito atinge a perfeição. Jesus nos ensinou a procurar Deus dentro de nós". Esclarece que não é Deus quem julga, mas "a justiça do tribunal da consciência".

O segredo das bem-aventuranças
José Lázaro Boberg
Autoajuda • 16x23 • 336pp.

Quem não busca a paz e a felicidade? O autor procura mostrar, ao longo desta obra, que todos temos o potencial da perfeição permitida ao ser humano. Mostra o que devemos fazer em nossa jornada evolutiva, para merecer as bem-aventuranças prometidas por Jesus em seu célebre Sermão da Montanha, enfatizando com convicção que precisamos apenas colocar em prática as mudanças de atitude propostas pelo Mestre.

CONHEÇA TAMBÉM OS LIVROS

Reencarnação - questão de lógica
Américo Domingos Nunes Filho
Estudo • 16x22,5 • 320pp.

A reencarnação, bênção oferecida a toda a criação, é doutrina da lógica e do bom-senso. Ante os inesperados e doloridos acontecimentos da vida, ou quando pais aguardam alegria e recebem tristeza, é nessas horas que fala alto o espiritismo, explicando e provando, pela reencarnação, a misericórdia das leis de Deus.

Gestão de crises emocionais
Donizete Pinheiro
Autoajuda • 14x21 • 176pp.

Para entendermos e nos empenharmos na superação de crises, Donizete Pinheiro nos apresenta este seu excelente trabalho, um livro muito estimulante, cuja leitura tem a capacidade de nos devolver a esperança e nos munir de serenidade no enfrentamento de nossas crises.

A difícil arte de perdoar
Elaine Aldrovandi
Autoajuda • 14x21 • 192pp.

Vamos aprender as "diferentes linguagens do perdão", e as "técnicas que nos auxiliam a perdoar os que nos ofenderam igualmente, libertando-nos das algemas da mágoa e do ressentimento". Além disso, Elaine Aldrovandi aborda a necessidade do perdão a si mesmo e ainda introduz a "oração do perdão".

CONHEÇA OUTROS ROMANCES MEDIÚNICOS DE SUCESSO

A vingança do judeu
Vera Kryzhanovskaia / J. W. Rochester (espírito)
Romance mediúnico • 16x22,5 • 424pp.

Escrita num estilo forte, vivo e nobre, esta obra conta a história de um rico banqueiro judeu que se apaixona por uma condessa cristã, mas que, por sua origem e religião, é impedido de ficar com sua amada.

O desenrolar da trama nos mostra a influência benéfica que uma nova visão de mundo, o espiritismo, à época ainda em seu início, pode trazer para as relações entre as pessoas e para as grandes decisões que a vida requer.

Getúlio Vargas em dois mundos
Wanda A. Canutti / Eça de Queirós (espírito)
Romance mediúnico • 16x22,5 • 344pp.

Getúlio Vargas realmente suicidou-se? Como foi sua recepção no mundo espiritual? Qual o conteúdo da nova carta à nação, escrita após sua desencarnação? Saiba as respostas para estas e outras perguntas, agora em uma nova edição, com nova capa, novo formato e novo projeto gráfico.

Os animais na obra de Deus
Geziel Andrade
Estudo • 14x21 cm • 272 páginas

A visão espírita sobre os animais enaltece a obra de Deus. Através deste livro, Geziel Andrade reúne e analisa as amplas informações sobre o assunto, permitindo que o mesmo passe com muita facilidade pelos crivos da razão, da lógica e do bom-senso, tal qual preconizava Allan Kardec.

Não encontrando os livros da EME na livraria de sua preferência, solicite o endereço de nosso distribuidor mais próximo de você através de
Fones: (19) 3491-7000 / 3491-5449
(Claro) 99317-2800 (Vivo) 99983-2575 (WhatsApp) 99983-2575
E-mail: vendas@editoraeme.com.br – Site: www.editoraeme.com.br